**Peter Grubbe
Selbstbedienungsladen**

Für Kai

Peter Grubbe
SELBSTBEDIENUNGSLADEN

Vom Verfall der demokratischen Moral

Peter Hammer Verlag

Peter Grubbe, geboren 1913, studierte Jura. Er arbeitet seit vier Jahrzehnten als Journalist, Schriftsteller und Fernsehkommentator; er war zehn Jahre Londoner Korrespondent von »FAZ«, »Welt« und »Stern«. Er ist heute Mitarbeiter der »Zeit«, des NDR und Autor von bisher 14 Büchern.

Die Deutsche Bibliothek – CIP-Einheitsaufnahme
Grubbe, Peter
Selbstbedienungsladen: vom Verfall der demokratischen
Moral / Peter Grubbe. – Wuppertal; Hammer, 1993
(Peter-Hammer-Taschenbuch; 80)
ISBN 3-87294-548-3
NE: GT

© Peter Grubbe 1993
© Peter Hammer Verlag GmbH, Wuppertal 1993
Alle Rechte ausdrücklich vorbehalten
Umschlag: Magdalene Krumbeck
Gesamtherstellung: Clausen & Bosse, Leck

Inhaltsverzeichnis

Vorwort

I   Staatsverdrossenheit – von Bhopal bis Bonn   7

II **Die Ursachen**   21
    Gier der Politiker   21
    Popularitätshascherei   25
    Die Lobbyisten   30
    Flucht in die Außenpolitik   40
    Mit den Bürgern redet keiner   44
    Die Zweiklassengesellschaft   53
    Die schützende Anonymität   65
    Die Fernsehdemokratie   75
    Kritiker als Staatsfeinde   86
    Feigheit der Politiker   94
    Vom Maßhalten   107
    Wir Konsumbürger   115

III **Die Folgen**   131
    Unglaubwürdigkeit   131
    Der gehorsame Bürger   148
    Die Kirchen schweigen   156
    Die Frauen werden nicht gefragt   163
    Nein sagen lernen   166

IV **Möglichkeiten**   173
    Friedliche Rebellion   173
    Eine Vision   178

Vorwort

Jeden Tag fordert einer unserer Regierenden uns Regierte auf, »den Gürtel enger zu schnallen«, weil gespart werden müsse. Aber Monat für Monat genehmigt einer unserer Regierenden gleichzeitig sich selbst und seinen Kollegen einen finanziell kräftigen »Schluck aus der Pulle«.

So verlangt der Bundeskanzler von den Tarifpartnern ständig Zurückhaltung bei den Tarifverträgen. Aber sich selbst genehmigt er ein neues Regierungsflugzeug mit eleganter Schlafsuite und Bad für 150 Millionen Mark und als Reserve gleich noch zwei weitere zum gleichen Preis dazu. Kommentar des gewiß nicht regierungsfeindlichen »Hamburger Abendblatt«: »Reisekomfort wie noch kein Kanzler vor ihm.« Gesamtkosten eine halbe Milliarde Mark. Im »Sparjahr« 1993.

In Bayern gerät der Finanzminister unter Beschuß, weil er sich angeblich jahrelang von einem Reiseunternehmen kostenlose Urlaubsreisen hat zuschieben lassen. Daraufhin erstattet das bayrische Finanzministerium Strafanzeige – aber nicht etwa gegen den Minister oder das Unternehmen, sondern gegen Unbekannt, weil möglicherweise ein »Amtsträger« durch Weitergabe von Informationen gegen die ihm obliegende Pflicht zur Vertraulichkeit verstoßen habe.

Im Frühjahr 1993 reagiert die Gewerkschaft ÖTV brav auf die Mahnungen der Regierenden und bescheidet sich für das mit einer Inflationsrate von mindestens vier Prozent angekündigte Jahr mit einer Lohnerhöhung von nur drei Prozent. Aber die Bundestagsabgeordneten genehmigen sich rückwirkend vom 1. Juli 1992 an eine Erhöhung ihrer Jahreszuwendungen um fast fünf Prozent. Und die Abgeordneten der meisten Länderparlamente folgen ihrem Beispiel, in der Regel mit einem deftigen Aufschlag.

Während die Bonner Regierungskoalition über Kürzungen der Sozialhilfesätze berät und die Familienministerin Hannelore Rönsch in diesem Rahmen eine Kürzung des Kindergeldes für kinderreiche Familien vorschlägt, läßt sich Bundesverkehrsminister Günter Krause – Monatsgehalt 27.000 Mark –

70 Prozent des Lohnes für die von ihm eingestellte Putzfrau vom zuständigen Arbeitsamt, also vom Steuerzahler, erstatten; und der CDU-Landesvorstand von Mecklenburg-Vorpommern billigt einstimmig sein Verhalten.

Das sind Alltagsgeschichten. Also »kleine Fische«. Es gibt auch größere. Aber schon die kleinen machen deutlich: Die Regierenden bedienen sich, und die Regierten sind dann »bedient«. Und das macht diese verdrossen. Solche Verdrossenheit halten die Regierenden allerdings für völlig unangebracht. Sie werfen ihren Untertanen fehlende Loyalität gegenüber dem Staat vor, und zu dieser seien Bürger schließlich verpflichtet.

Dies ist nicht nur in Deutschland so. In England, dem Mutterland der europäischen Demokratie, das einst wie das alte Preußen für die moralisch finanzielle Integrität seiner Regierenden bekannt war, haben allein fünf ehemalige Minister während ihrer Amtszeit hohe Posten in von ihnen selbst privatisierten ehemaligen Staatsbetrieben für die Zeit nach ihrem Ausscheiden aus der Regierung arrangiert.

In Italien wird ehemaligen Regierungschefs, Dutzenden von Ministern und Abgeordneten öffentlich und amtlich Bestechlichkeit vorgeworfen. Die Zahl der wegen Korruption, Bestechung, Begünstigung im Amt und anderer Delikte verhafteter Amtsträger steigt von Woche zu Woche.

In Japan gehört die Bestechung von Ministern und hohen Parteifunktionären zum Alltag, wird allerdings kaum je verfolgt, weil seit Jahrzehnten immer die gleiche Partei die Regierung stellt und diese fast alle ihren Mitgliedern drohenden Verfahren erfolgreich abwehrt oder unterdrückt.

In Lateinamerika muß ein amtierender Präsident sein Amt niederlegen, weil ihm allzu tiefe Griffe in die Staatskasse nachgewiesen werden; »maßvolle« Griffe Regierender in die Taschen der Steuerzahler zum eigenen persönlichen Vorteil regen dort schon längst niemanden mehr auf.

Wir preisen die Demokratie. Längst schon nicht mehr nur mit Winston Churchills bescheidenem Lob, sie sei zwar eine schlechte Staatsform, aber er kenne keine bessere. Wir loben sie über den grünen Klee, empfehlen sie all unseren Nachbarn, machen unsere Unterstützung an arme Länder der Dritten Welt davon abhängig, daß diese sie von uns übernehmen. Und unsere Regierenden rühmen sich bei jeder Gelegenheit ihrer Fürsorge für und ihres Verantwortungsbewußtseins gegenüber den Bürgern.

Immer mehr Regierte sehen das jedoch immer häufiger anders. Sie zeigen das unter anderem, indem sie nicht mehr wählen. Schon bei den letzten deutschen Landtagswahlen sank die Wahlbeteiligung auf kaum mehr als 70 Prozent. Inzwischen warnen Umfragen der Meinungsforschungsinstitute vor einem weiteren Absinken auf nur noch 60 Prozent oder gar noch darunter.

Das würde bedeuten: Über ein Drittel der Bürger ist unzufrieden mit dem Staat und dessen Verwaltern, ist, kurz gesagt, verdrossen. Und diese Tendenz gilt nicht nur für Deutschland. Sondern sie ist weltweit erkennbar.

Die Staatsverdrossenheit greift um sich wie eine Seuche. Nicht mehr nur in Diktaturen, wo sie zum Zusammenbruch der Herrschaft führt wie etwa in der ehemaligen Sowjetunion, sondern neuerdings auch in den Demokratien. Was ist der Grund dafür? Und was kann man dagegen tun?

Staatsverdrossenheit – von Bhopal bis Bonn

Im Sommer 1992 stirbt in der indischen Stadt Bhopal ein 23-jähriger Mann nach über siebenjähriger schwerer Krankheit. Er ist einer von über viertausend. Zwischen dem 3. Dezember 1984 und dem Sommer 1992 sterben an dieser Krankheit über viertausend Menschen – davon 1.500 am ersten Tag. Denn in der Nacht zum 3. Dezember 1984 strömen aus den Tanks einer Pflanzenschutzmittelfabrik des amerikanischen Chemiekonzerns Union Carbide 40 Tonnen eines tödlichen Gases aus und gehen auf die Stadt nieder. Seitdem stirbt an den Folgen dieser größten Chemiekatastrophe der Welt in Bhopal jeden Tag mindestens ein Mensch.

Als »Sachwalter« ihrer Bürger, also der Opfer und ihrer Angehörigen, fordert die indische Regierung von dem Chemiekonzern drei Milliarden Dollar Schadensersatz. Nach längeren Verhandlungen vergleicht sie sich auf 600 Millionen und gibt sich schließlich mit nur 470 Millionen Dollar zufrieden.

»Wir wollten uns mit der Union Carbide nicht anlegen, um ausländische Investoren nicht abzuschrecken«, erklärt ein hoher indischer Regierungsbeamter einem britischen Journalisten auf dessen Frage nach dem Grund dieser finanziellen Zurückhaltung seiner Regierung, die nach Ansicht britischer Anwälte bei einem Festbleiben ihre ursprüngliche Forderung vor amerikanischen Gerichten ohne jeden Zweifel in voller Höhe durchgesetzt haben würde.

Ein Sprecher des Verbandes der Gasgeschädigten in Bhopal sieht das anders.

»Für den Chemiekonzern war es einfach billiger, den Ministern und Beamten unserer Regierung ein paar Millionen zuzuschieben. Damit waren die zufriedengestellt. Und die Opfer der Katastrophe hier, die bis heute keine Rupie Entschädigung erhalten haben, wir können uns dagegen nicht wehren – denn wir sind ja nur Bürger.«

▪ Joao Alvino ist Geschäftsmann. Er lebt in Canapi, einer brasilianischen Provinzstadt. 1991 läßt er sich dort auf seinem Grundstück einen riesigen Swimmingpool bauen. Er ist etwa doppelt so groß wie das Trinkwasserreservoir des Ortes und im Gegensatz zu diesem auch während der Trockenheitsperiode stets gut mit Wasser gefüllt.

Aber niemand in Canapi wundert sich darüber. Denn Joaos Schwester ist Rosana Collor, die Ehefrau des brasilianischen Präsidenten Fernando Collor de Mello. Sie ist Präsidentin der mit einem Jahresetat von anderthalb Milliarden Mark größten staatlichen Wohlfahrtsorganisation des Landes »Brasilianische Hilfs-Aktion«. Und kraft ihres Amtes hat sie dafür gesorgt, daß die Hilfsorganisation ihrem Bruder nicht nur das Geld für den Bau des Swimmingpools zinslos zur Verfügung stellte, sondern auch das Wasser für seine Füllung – das eigentlich für die Füllung des nun leer gebliebenen städtischen Trinkwasser-Reservoirs bestimmt war.

Als ihr mit eindrucksvoller Mehrheit gewählter Ehemann im März 1990 das Präsidentenamt übernahm, jubelte die brasilianische Bevölkerung. Denn nach zwei Jahrzehnten Militärdiktatur und einer unfähigen, vom Militär gesteuerten Übergangsregierung versprach er seinem Volk eine Rückkehr zur Demokratie und eine »Ära der Erneuerung und Sauberkeit«.

Zwei Jahre später erfahren die brasilianischen Bürger dann jedoch: Die Firmen, die den Präsidenten mit Spenden für seine Wahlkampfkampagne unterstützt hatten, wurden von ihm sogleich nach seinem Amtsantritt dafür mit riesigen Staatsaufträgen belohnt. Dafür kassierte er einen erheblichen Teil der Wahlkampfspenden für sich persönlich. Seine Privatsekretärin Ana Acioli, die seine persönlichen Konten verwaltete, legte auf ihnen innerhalb von anderthalb Jahren nicht weniger als elf Millionen Dollar Schwarzgeld zinsgünstig an.

Zur gleichen Zeit stieg die Inflation des Landes täglich um rund ein Prozent. Und während das Wirtschaftswachstum im gesamten Lateinamerika nach Feststellung der Weltbank durchschnittlich um 4,4 Prozent anstieg, sank es in Brasilien in der gleichen Zeit um 4,5 Prozent.

■ Am 28. Februar 1991 endet am Golf die »Operation Wüstensturm«. Der Irak kapituliert. Kuwait ist befreit. Der Feldzug für die Befreiung des kleinen Landes und für eine neue demokratische Weltordnung, wie der amerikanische Präsident es formuliert, hat sich gelohnt. Die Demokratie hat gesiegt.

Anderthalb Jahre später rollen über die frisch asphaltierten Straßen von Kuwait-City wieder wie vor dem Krieg die langen Reihen der Luxuslimousinen. Die Auslagen der Läden sind gefüllt. In den Cafés und Restaurants bleibt am Abend kein Tisch unbesetzt. Die 700.000 Staatsbürger des Landes genießen den Frieden.

Die Demokratie, für die ja angeblich auch gekämpft worden war, bleibt jedoch auf dem Papier. Das Parlament, das nach langem Zögern gewählt wird, hat keine Rechte. Seine Mitglieder dürfen zwar Reden halten, aber weder die vom Emir eingesetzte Regierung kontrollieren noch über den Staatshaushalt bestimmen. Und alle größeren Dienstleistungsbetriebe des Landes, von den Banken bis zur Luftfahrtgesellschaft »Kuwait Airlines«, gehören dem Staat, und das heißt in Kuwait der Familie des Emirs al-Sabah.

Auch Sklaverei gibt es in dem für eine neue demokratische Weltordnung befreiten Land nach wie vor. So stehen im Schatten einer Hauswand der philippinischen Botschaft täglich – außer freitags – ein paar Dutzend Frauen und warten auf einen reichen Einheimischen, der sie anheuert. Gegen Zahlung der »Gebühren« des Importeurs erhält er den Paß der von ihm als Dienstmagd gewünschten Philippinin ausgehändigt und kann sie mitnehmen.

Ein hoher Diplomat einer südostasiatischen Botschaft beschreibt die Situation mit den Worten: »Wer hier als Hausboy oder Dienstmädchen arbeitet, der ist praktisch ein Sklave – das ist heute genauso wie früher.« Dies ist die neue demokratische Weltordnung, für die wir alle im Golfkrieg gekämpft haben.

■ Solche Geschichten kann man bei uns täglich in der Zeitung lesen. Heute geht es dabei um Indien oder Kuwait. Morgen um Argentinien, Indonesien oder Zaire. Vor dreißig Jahren war es das »goldene Bett«, mit dessen Kauf die Frau des ghanaischen Informationsministers Nkrobo Edusei, die Weltöffentlichkeit aufregte. Heute sind es die zehn Prozent Bestechungsgeld, die Tien Suharto, die Frau des indonesischen Staatspräsidenten, von jedem Staatsauftrag für sich persönlich kassiert, oder die Milliarden Dollar abgezweigter Entwicklungshilfsgelder des Staatspräsidenten Mobutu von Zaire auf seinen Schweizer Konten.

Die Menschen, die in diesen Staaten leben, fühlen sich betrogen. Aber sie können sich nicht wehren. Denn die Regierenden kommandieren das Militär, ernennen und entlassen die Minister, und die Beamten sind von ihnen abhängig – wenn sie nicht parieren, werden sie hinausgeworfen oder eingesperrt. Und wenn es ein Parlament gibt, kauft die Regierung so viele Abgeordnete, wie sie für ihre »demokratische Bestätigung« braucht.

Wir hier in Deutschland ärgern uns oft, wenn wir so etwas hören oder lesen, obwohl es uns ja nicht direkt betrifft. Denn es sind ja Länder der Dritten Welt, in denen diese Skandale passieren.

Nicht selten ärgern wir uns aber trotzdem. Denn viele dieser Länder werden finanziell von uns unterstützt, damit sie wirtschaftlich überlebens- und leistungsfähig werden. Und um in ihnen eine freiheitliche Demokratie aufzubauen. Damit ihre Bewohner mit den Verhältnissen, unter denen sie leben, zufrieden sind.

Meist legt sich unser Ärger nach einer Weile jedoch wieder. Denn was da ständig vorkommt, passiert ja, Gott sei Dank, nicht bei uns. Die darunter leiden, damit unzufrieden sind und möglicherweise sogar rebellieren, sind Afrikaner, Lateinamerikaner, Asiaten, sind Bewohner der Dritten Welt. Dort liegt die Staatsgewalt in den Händen der Regierenden und nicht der Bürger. Dort herrscht daher – zu Recht – vielfach Staatsverdrossenheit.

Aber wer die Zeitungen gründlich liest oder dem Rundfunk aufmerksam zuhört, der stößt neuerdings immer häufiger auch auf Berichte über Geschehnisse hierzulande, in Deutschland, in Europa oder in den USA, die ihn betroffen machen und ärgern, und die ihn erkennen lassen, daß Bürger auch in unseren demokratisch regierten Ländern mit der Obrigkeit unzufrieden, über die Art und Weise, wie der Staat und seine Verwaltung mit uns umgehen, verdrossen sind.

■ Juli 1992. Für die Bürgerkriegsflüchtlinge aus Bosnien-Herzegowina werden Unterkünfte gesucht. Fünftausend sind in der vergangenen Woche nach Deutschland gekommen. Zehntausende warten, hoffen, bangen weiter jenseits der Grenze. Jeden Abend zeigt das Fernsehen Bilder von dem Elend, das dort herrscht: verwundete Männer, verängstigte Frauen, hungernde Kinder.

Berlin. Hannelore M. hat mit ihrem Mann gesprochen. Er ist Angestellter. In einer Computerfirma. Sie wohnen in einem Eigenheim. Die Kinder sind aus dem Haus. Und sie haben beschlossen: Das unbenützte Zimmer der Tochter stellen sie für Flüchtlinge zur Verfügung.

Sie hat es ihrem Mann vorgeschlagen, als sie abends vor dem Fernseher saßen. Und er hat zugestimmt. Zuerst ein bißchen zögernd. Aber dann hat er gesagt:

»Du hast recht – wenn man das sieht, dann weiß man erst, wie gut's uns geht, da soll man wirklich was für die armen Leute da tun – und wir schaffen das schon.«

Am nächsten Morgen hat sie telefoniert. Erst mit der Bezirksverwaltung. Dann mit dem Senat. Danach mit dem Auswärtigen Amt in Bonn. Und dann mit dem Innenministerium. Dort gab man ihr eine Berliner Nummer, angeblich von der Caritas. Als sie dort anrief, meldeten sich die Berliner Verkehrsbetriebe. Daraufhin gab sie es auf.

Eine Woche später stößt sie in der Zeitung auf eine Anzeige mit einer Telefonnummer. Eine »Aktion Fluchtweg« sucht Menschen, die bereit sind, Flüchtlinge aufzunehmen. Sie ruft dort an. Die Frau am anderen Ende der Leitung bedankt sich und notiert ihre Adresse.

»Wir haben schon über vierhundert«, sagt sie, »Sie glauben gar nicht, wie hilfsbereit die Menschen sind. Am Donnerstag sind wir beim Bürgermeister. Dann hören Sie von uns.«

Der Bürgermeister verspricht dann auch »Unterstützung der erfreulichen Aktion«. So steht es jedenfalls in der Zeitung.

Als Hannelore M. in der folgenden Woche erneut bei der »Aktion Fluchtweg« anruft, weil sie von dort nichts gehört hat, ist ein Mann am Apparat. Seine Stimme klingt bitter.

»Sie kriegen niemand und die anderen auch nicht«, erklärt er ihr, »die Behörden sind an privaten Aktionen nicht interessiert. Wer helfen will, soll Geld überweisen, das läßt sich am besten steuern, sagen sie.«

Als das Fernsehen am Abend wieder Bilder aus Bosnien-Herzegowina zeigt und ihr Mann sie fragt, was eigentlich aus ihrem Angebot geworden sei, einen Flüchtling aufzunehmen, erwidert ihm seine Frau:

»Die Behörden machen das lieber alleine, einfache Bürger wie uns können sie dabei nicht gebrauchen.«

Und nach einer kurzen Pause setzt sie hinzu:

»Geld geben dürfen wir natürlich – was damit gemacht wird, das entscheiden die dann.«

▓ Die Tschechoslowakei ist in zwei Staaten zerfallen. Tschechen und Slowaken leben nun beide jeweils in einem eigenen Staat. Der Schnitt wird für beide Teile teuer. Aber so haben die Politiker es beschlossen.

Nur ganze 16 Prozent der Bevölkerung waren laut Umfrage für die Teilung. Fast 80 Prozent waren dagegen.

»Wir brauchen ein bißchen mehr Selbständigkeit, die Tschechen sollen uns nicht in alles reinreden, aber sonst haben wir eigentlich ganz gut miteinander gelebt«, sagte der 42jährige Slowake Lubomir damals in Bratislawa. Und die 38jährige Helena, Frau eines Prager Lebensmittelhändlers, meinte: »Meine Schwester hat nach Ostrawa geheiratet, einen Slowaken, aber mit dem hat's nie irgendwelchen Streit gegeben, das war genau so einer von uns wie mein Vetter hier in Prag.«

Doch dann kam die Wahl. Und die Tschechen wählten Vaclaw Klaus, der Privatwirtschaft nach westlichem Vorbild propagierte, und die Slowaken wählten Wladimir Meciar, der am Sozialismus festhalten wollte. Und da jeder der beiden in seinem Lande gesiegt hatte und deshalb die Macht für sich verlangte, kamen sie zu dem Ergebnis, daß man zwei Staaten brauche, damit jeder etwas zu regieren habe.

Da die Tschechoslowakei inzwischen eine Demokratie war, und da in einer Demokratie die Staatsgewalt grundsätzlich dem Volk zusteht, hätte man eigentlich meinen sollen, dem Volk steht es zu, über Trennung oder Zusammenbleiben zu entscheiden. Etwa durch eine Volksabstimmung. Aber da waren die Politiker dagegen. Weil sie das möglicherweise ihre Macht hätte kosten können. Und weil die Politiker es so wollten, wurde die Tschechoslowakei in zwei Teile geteilt – auch wenn die Bürger das nicht wollten.

▄ Bluter brauchen Bluttransfusionen, wenn ihr Blutpegel aufgrund einer nur schwer stillbaren Blutung bei einer Verletzung sinkt. Das weiß fast jeder Bürger. Auch in Frankreich. Und damit in dringenden Fällen, die ja sehr rasch eintreten können, immer genügend Blut zur Verfügung steht, läßt die staatliche Gesundheitsbehörde in Frankreich Blutkonserven in Reserve halten. Damit die Bluter nicht sterben.

Da das im eigenen Lande gespendete Blut nicht immer ausreicht, kauft die Behörde Blutkonserven. Auch im Ausland. Dort sind gelegentlich die Sicherheitsvorsorgemaßnahmen nicht so gründlich wie im eigenen Land. Daher ist das dort gekaufte Blut gelegentlich infiziert. Oder es könnte zumindest infiziert sein. Deshalb muß man es untersuchen lassen. Und es gründlich desinfizieren. Oder es, wenn nötig, vernichten. Besonders wenn man vorher gewarnt, also darauf aufmerksam gemacht wird. Zumindest von einem staatlich kontrollierten Institut und einer staatlichen Behörde sollte man das erwarten und verlangen können.

Das dachten Frankreichs Bluter auch. Deshalb ließen sie sich das von dem staatlichen Institut gelieferte Blut unbesorgt injizieren. Doch sie irrten sich. Das Blut war infiziert. Die zuständigen Behörden hatten es zwar gewußt oder hätten es zumindest wissen müssen. Denn man hatte sie gewarnt. Aber sie hatten nichts getan. Um dem Staat Kosten zu ersparen, wie ein hoher Beamter erklärte. Oder weil sie dachten, irgend jemand anders würde schon dafür sorgen. Und dann waren zahlreiche Bluter an Aids gestorben.

Doch die dafür zuständigen Politiker und Beamten erklärten, sie seien dafür nicht verantwortlich zu machen. Verantwortlich seien vielmehr die »Ämter« oder die »Behörden«. Die hätten versagt. Aber die kann man natürlich nicht bestrafen.

Und nun wundern sich die Politiker in Frankreich über ihre zunehmende Unpopularität und die im ganzen Lande steigende Staatsverdrossenheit.

▪ In der Kathedrale von Palermo auf Sizilien findet ein Trauergottesdienst für fünf bei der Ermordung des Richters Borsellino durch die Mafia umgebrachte Polizisten statt. Beim Verlassen der Kathedrale nach Ende des Gottesdienstes werden der italienische Staatspräsident, der Ministerpräsident sowie die erschienenen Minister von der Menge beschimpft, bespuckt und geschlagen. Die anwesenden Polizisten schreiten nicht ein. Darauf angesprochen sagt einer von ihnen:

»Wir sterben hier für einen Staat, der nichts tut, um seine Bürger zu schützen.«

▪ Nach der vom bayrischen Ministerpräsidenten Max Streibl mit den Worten »Hartes Hinlangen ist bayrische Art« ausdrücklich gebilligten Prügelorgie der Polizei beim Münchner Gipfel im Sommer 1992 stellt der Berliner Werner Notz in einem von der ZEIT veröffentlichten Leserbrief fest:

»Polizisten, die auf Bürger einprügeln, die friedlich gegen Staats- und Parteifunktionäre demonstrieren, das haben wir noch gut aus den letzten Tagen des SED-Regimes in Erinnerung.«

▪ Die Bürger sind unzufrieden. Die Staatsverdrossenheit wächst. Nicht nur in Ländern der Dritten Welt, in denen schlecht bezahlte Beamte sich bestechen lassen und brutale Diktatoren sich bereichern. Sondern auch in den demokratisch regierten Staaten Westeuropas und Nordamerikas, in denen, zumindest theoretisch, die »Staatsgewalt vom Volke ausgeht«, wie es das deutsche Grundgesetz formuliert. Auch hier sind die Bürger zunehmend unzufrieden und verärgert.

Wenn die Bürger das offen sagen oder dadurch ausdrücken, daß sie nicht zur Wahl gehen, reagieren die meisten Politiker beleidigt. So erklärt Joachim Becker, Oberbürgermeister der Stadt Pforzheim, im SPIEGEL, Deutschland sei ein vorbildlicher Sozialstaat, habe eine der besten Verwaltungen der Welt und dies sei das Werk der politischen Elite, also der deutschen Politiker und Beamten. Und er wirft den Bürgern Undankbarkeit vor. Und als Bundespräsident Richard von Weizsäcker, besorgt ob der wachsenden Staatsverdrossenheit, unseren Politikern Vorhaltungen macht, fordern Parteifunktionäre empört seinen Rücktritt.

II. Ursachen

Gier der Politiker

Der etwa 40jährige Mann zuckt die Achseln.

»Ich hab'nicht gewählt«, knurrt er verdrossen, »die machen ja doch was sie wollen; vor der Wahl versprechen sie einem sonst was, und hinterher denken sie nur noch an sich selber.«

Zwanzig Jahre lang hat er immer nur an »seine Partei« gedacht im festen Vertrauen darauf, daß sie die Mißstände beseitigen und das Land in Ordnung bringen würde, wenn nur ihre Leute ran kämen. Aber das war ein Kinderglaube, sagt er heute.

»Was dem Bürger Sorge macht, interessiert da oben niemand«, behauptet er verbittert, »denen geht's nur darum, wie sie selber zu noch mehr Geld kommen.«

Es geht ihm nicht schlecht, gibt er zu. Er hat Arbeit. Er und seine Familie hungern nicht wie die Leute in Afrika. Er hat ein Auto, fährt jedes Jahr in Urlaub, wenn er oder jemand aus seiner Familie krank wird, sorgt die Krankenkasse für ihn, und wenn er alt ist, kriegt er eine auskömmliche Rente.

Trotzdem ist er verdrossen über »die da oben«. Weil sie dauernd mehr Geld verlangen, sich gegenseitig lukrative Posten zuschieben und sich nicht um die Bürger kümmern. Weil sie immer nur an sich denken. Damit sie dicke Gehälter, »Diäten und Pensionen« kassieren können, muß der Bürger dauernd höhere Steuern zahlen, setzt er verbittert hinzu.

Die finanzielle Selbstbedienung vieler Regierender war einer der Auslöser der wachsenden Staatsverdrossenheit hierzulande. Wahrscheinlich der auffälligste. Der sogenannte Hamburger Diätenskandal, der besonderes Aufsehen erregte, war nur ein Beispiel dafür. Ähnliche Vorfälle in Hessen, im Saarland, in Bonn, das Aussetzen hoher Pensionen für noch nicht einmal im Amt befindliche Senatoren und Minister, übermäßige Gehaltsforderungen der noch dazu häufig durch

Privilegien bevorzugten Beamten belegten, für jedermann sichtbar, einen offenbar bundesweiten Trend.

Es waren zwar meist nur Einzelfälle. Aber sie betrafen Politiker aller Parteien. Und diese bemühten sich, fast immer gemeinsam, die von ihnen getroffenen Arrangements zu vertuschen, damit die Bürger nach Möglichkeit nichts davon erfuhren. Wenn doch etwas herauskam, wurde es zum »Ausnahmefall« deklariert. Oder zum »Ausrutscher«. Oder gar zum »Versehen«.

Aber gerade das machte die Bürger mißtrauisch. Denn wo trotz aller Vertuschungsversuche so viel bekannt wurde, gab es wahrscheinlich ein Vielfaches davon, was verborgen blieb, argwöhnten sie.

Es blieb ja auch nicht bei den Diäten und Pensionen, bei Hamburger Senatoren und dem saarländischen Ministerpräsidenten. Sondern da ließ sich der baden-württembergische Regierungschef von Firmenjets kostenlos in alle Welt transportieren. Da kassierte ein thüringischer Innenminister größere Geldbeträge als angebliche Spendengelder, ausgerechnet von einer Firma, die sich »zufällig« um Pachtverträge für Autobahn-Raststätten bei der Regierung bewarb. Und einer seiner Kollegen schanzte einem »Bekannten« einen für ihn äußerst lukrativen, für die Öffentliche Hand dagegen finanziell höchst nachteiligen Hotelpachtvertrag zu.

Nun ist solche Selbstbedienung von Politikern und Beamten in vielen Ländern der Welt durchaus üblich und erregt dort kaum Aufsehen, geschweige denn Ärger. Das gilt vor allem für die Dritte Welt. Wer etwa in Mexiko mit dem Auto über Land fährt, sollte immer ein paar nicht zu geringe Pesonoten griffbereit in der Brieftasche für einen Polizisten haben, der ihn kontrolliert – damit dieser nichts zu beanstanden findet. Daß ordnungsgemäß eingeführte Waren Tage, Wochen oder Monate im Zoll hängen bleiben, wenn der für die Abfertigung in der Behörde zuständige Beamte nicht rechtzeitig vorher diskret einen Briefumschlag mit einigen Geldscheinen darin erhalten hat, gilt für Pakistan, Indien wie für Bangladesh. Und in Afrika halten die meisten Beamten und Minister schon deshalb gern ihre Hände auf, weil fast jeder, der dort Arbeit hat, für eine Großfamilie sorgen muß, mag sein Gehalt auch noch so klein sein.

Aber auch in der »zivilisierten« Welt des Westens gilt die finanzielle Selbstbedienung von »Amtsträgern« keineswegs überall als unerträglich und löst deshalb bei den Bürgern häufig kaum großen Ärger aus. In Frankreich mußte sich Präsident Giscard d'Estaing schon Brillanten von einem des Kannibalismus beschuldigten afrikanischen Kollegen schenken lassen, um bei der Wiederwahl darüber zu stolpern. Und in Japan hinderte der 1988 durch eine bekannt gewordene Bestechungsaffäre erzwungene Rücktritt den damaligen Finanzminister Myazawa nicht daran, drei Jahre später Ministerpräsident in seinem Lande zu werden.

In Deutschland wie auch in England, Skandinavien und einigen weiteren Staaten Europas dagegen ist das anders. Hier hat eine Jahrzehnte, nicht selten sogar Jahrhunderte lange Tradition die Bürger an eine vielleicht gesellschaftlich arrogante und sozial ungerechte, aber finanziell saubere Verwaltung gewöhnt.

Typisch dafür ist Preußen. So hatte der Vater des Vier-Sterne-Generals Wolf Graf Baudissin als Landrat auf seinem Schreibtisch zwei Tintenfässer stehen und zwei Federhalter liegen, um beim Schreiben privater Briefe nur ja nicht staatliches Gut zu verwenden. Und Reichspräsident Friedrich Ebert ließ ihm zugesandte Theaterfreikarten zurückschicken mit dem Vermerk, wenn er ins Theater gehen wolle, bezahle er die Karten selber, dafür sei sein Gehalt schließlich da.

Daß eine von solcher Haltung ihrer Oberen verwöhnte Bevölkerung allergisch reagiert, wenn Angehörige ihrer politischen Führungsschicht jetzt auf Kosten der Allgemeinheit ihren privaten Wohlstand mehren, ist verständlich. Und wenn die dabei Ertappten sich dann auch noch als Unschuldslämmer gerieren und ihre sich häufig selbst zugebilligte großzügige finanzielle Absicherung aus Steuergeldern als normale und gerechtfertigte Besoldung reklamieren, wie dies in Hamburg geschah, dann steigert das verständlicherweise noch den Ärger und löst offenen Unmut aus.

Sicherlich spielt Neid dabei eine Rolle. Viele Menschen

ärgern sich, wenn ihr Nachbar mehr besitzt oder verdient als sie selber. Aber wenn derart Begünstigte dann auch noch über Macht verfügen und außerdem noch Privilegien genießen wie Dienstwagen, Freiflugkarten, gut dotierte Aufsichtsrats- oder Beraterposten und Alterspensionen, für die sie keine Beiträge bezahlen, dann wird der Neid zur Verdrossenheit, besonders wenn das Geld dafür auch noch von den weniger Begünstigten kassiert wird.

Man soll die Bedeutung der immer weiter um sich greifenden finanziellen Selbstbedienung durch Politiker und Beamte allerdings nicht überschätzen. Sie löst zwar Ärger aus. Aber sie verursacht ihn nicht. Jedenfalls nicht allein. Bei Bürgern, die allgemein mit dem Verhalten ihrer Obrigkeit zufrieden sind, führt finanzielle Selbstbedienung ihrer Staatsdiener zwar vermutlich zu Kritik und Mißmut, aber nicht zur Verdrossenheit gegenüber dem Staat.

Der Grund dafür liegt tiefer. Die vielfach ungehemmte Geldgier von Politikern und Beamten ist ohne Zweifel *ein*, gelegentlich sogar wohl *der* entscheidende Auslöser für die allenthalben spürbare und zunehmende Staatsverdrossenheit. Aber nicht ihre Ursache. Die liegt anderswo.

Popularitätshascherei

»Ich kann Euch nichts versprechen als Blut, Schweiß und Tränen«, erklärte Winston Churchill seinem Volk, als er im Zweiten Weltkrieg die Regierung Großbritanniens übernahm. Daraufhin stellten sich die Bürger geschlossen hinter ihn, trugen auch die unpopulärsten Maßnahmen, die er anordnete, mit und verehrten ihn trotz gewisser Kritik bis zu seinem Tode. Weil er ihnen die Wahrheit gesagt hatte, auch wenn sie unangenehm war. Sie honorierten seine Ehrlichkeit.

Wenn man heute darauf hinweist, bekommt man entweder zu hören, Churchill sei eben eine außergewöhnliche Persönlichkeit gewesen oder dies sei im Krieg geschehen, da sei sowieso alles anders, oder das Ganze sei halt in England passiert, und die Engländer seien eben anders als die meisten übrigen, zum Beispiel auch wir Deutschen. Wir wollten, wie die meisten Menschen, von den Politikern grundsätzlich nur Angenehmes, Gutes und Schönes hören, nicht aber Unangenehmes.

Ich glaube das nicht. Sicherlich hört fast jeder lieber gute Nachrichten als schlechte. Aber das gilt doch nur, wenn und solange die guten Nachrichten wahr sind. Kaum jemand läßt sich gern belügen. Schöne Zukunftsversprechungen, die sich nachträglich als falsch herausstellen, bewirken zwar möglicherweise für den Augenblick etwas Positives, aber nicht auf die Dauer.

Doch da liegt schon einer der Gründe für die bei den meisten Politikern unserer Zeit so beliebte schönfärberische Popularitätshascherei. Die solches bedenkenlos verkünden, sind in erster Linie, manchmal sogar ausnahmslos, an kurzfristigen Erfolgen interessiert – um im Amt zu bleiben.

Der amerikanische Präsident George Bush ist ein typisches Beispiel für solches Denken. Als er sich 1988 um die Präsidentenschaft bewarb, versprach er vollmundig und wider besseres Wissen, wenn die Bevölkerung ihn wählen würde, würde es in seiner Amtszeit keine neuen Steuern geben. »Read my lips – lest von meinen Lippen« – beschwor er die amerikanischen Wähler. Sie taten es. Und die Popularitätshascherei machte sich bezahlt. Er wurde gewählt.

Vier Jahre später im Kampf um seine Wiederwahl erwies sich dieses geschönte, also falsche Versprechen als eine der schwersten Hürden bei seinem Bemühen, erneut gewählt zu werden. Denn entgegen seinem Versprechen hatte er die Steuern erhöhen müssen.

Das nahmen die Bürger übel, nicht nur ihm, sondern dem ganzen Set-up, dem ganzen politischen Establishment. Das zeigte die ungeheure Popularitätswelle, die den später unerwartet zurückzuckenden Kandidatur-Anwärter Ross Perot bei der Verkündung unbequemer, unangenehmer Wahrheiten empfing, als er seine eventuelle Bewerbung bekannt gab. Die Bürger wollten nicht mehr belogen werden. Sie hatten die schönfärberische Popularitätshascherei einfach satt.

Bundeskanzler Kohl hat genau das Gleiche erlebt. Auch er verkündete vollmundig und mit ziemlicher Sicherheit wider besseres Wissen nach der Wiedervereinigung, es werde im Osten des wiedervereinigten Deutschlands niemandem schlechter, sondern allen besser gehen als vorher. Weil er wußte, daß Menschen so etwas gerne hören, und weil er zum gesamtdeutschen Kanzler gewählt werden wollte. Und auch er hatte Erfolg. Die Menschen glaubten ihm und wählten ihn.

Nur – als sich die schöne Ankündigung dann als Augenwischerei herausstellte, erlebte er das Gleiche wie sein Kollege in Washington. Die Bürger nahmen ihm das übel. Bei allen Wünschen nach guten Nachrichten mochten sie nicht belogen werden. Sie glaubten ihm nicht mehr und wurden verdrossen.

Bei den Regierenden diesseits wie jenseits des Atlantiks löste solche Verdrossenheit Mißmut aus. Denn sie wollen, ja sie müssen sogar geliebt werden von ihren Untertanen. Das verlangt nun einmal die Demokratie. Ein Diktator braucht die Liebe seines Volkes nicht; er stützt sich notfalls auf Gewalt. In Demokratien sind die Regierenden dagegen auf die Zustimmung, Zuneigung oder, populär ausgedrückt, auf die

Liebe ihrer Bürger angewiesen. Sonst wählen die sie nämlich nicht wieder, und das ist das Ende ihrer Regierungsmacht.

Deshalb nehmen die Regierenden es den Regierten vielfach übel, wenn diese unzufrieden und verdrossen werden und diese Verdrossenheit womöglich auch noch zum Ausdruck bringen, indem sie – zum Beispiel – nicht zur Wahl gehen oder irgendwelche extremen Oppositionsparteien wählen. Solche Politiker- oder Parteischelte beantworten sie dann kurzerhand durch Bürgerschelte frei nach dem Motto: Nicht der Mörder, sondern der Ermordete ist schuldig.

Bert Brecht hat ihnen deshalb einmal ironisch den Rat gegeben, sie sollten sich doch einfach ein anderes Volk wählen, wenn sie mit dem ihren nicht zufrieden wären. Wer die empörte Reaktion mancher Politiker auf die Verdrossenheit der Bürger hierzulande hört, der gewinnt fast den Eindruck, die Regierenden nähmen den ironischen Ratschlag des Dichters ernst.

Was den Westen stark und vor allem reich gemacht hat, muß gut sein. Dieser These folgt zur Zeit die Dritte Welt. Die Völker haben den Erfolg des Westens gesehen und fordern deshalb, daß man es in ihren Ländern genau so macht. Und die Politiker proklamieren, wie man es von ihnen wünscht und erwartet, den Kapitalismus – genannt freie Marktwirtschaft – und die Demokratie. Wenn das bei ihnen nicht funktioniert und die Bürger Unzufriedenheit darüber äußern, sind die Regierenden erst überrascht und dann verärgert, genau wie ihre Vorbilder in Bonn, London und Washington.

Das gilt für Peru wie für Indien, für die Philippinen wie für Ägypten. Dort verspricht Präsident Mubarak vor seiner Wahl seinem Volk eine demokratische Regierung, freie Marktwirtschaft und Ausmerzung der Korruption, um die Zustimmung der Bürger, die er braucht, für sich zu gewinnen. Doch das Rezept funktioniert nicht. Die Korruption nimmt weiter zu. Trotz finanzieller westlicher Unterstützung wächst die Armut im Land. Ein Drittel der Bürger lebt heute bereits unterhalb der Armutsgrenze. Und immer mehr Bürger wenden sich enttäuscht den radikalen islamischen Oppositionsgruppen zu.

In Algerien kündigt die Militärregierung, westlichen Parolen folgend, freie Wahlen an. Aber als die Bürger im ersten Wahlgang die nach Ansicht der Regierenden in Algier wie in Paris und Brüssel falschen Parteien wählen, sagt man kurzerhand den zweiten Wahlgang ab. Das erbost die Bürger. Und seitdem schießt man hier aufeinander.

In Haiti darf das Volk nach dem Sturz der von Washington und Paris gestützten Diktatorenfamilie Duvalier frei wählen. Aber der zum Präsidenten gewählte linkssozialistische Pfarrer entspricht nicht den Wünschen der dortigen Militärs und ihrer Freunde in den USA, Frankreich und Europa. Also wird er gestürzt. Das Volk wehrt sich dagegen. Es kommt zu Unruhen. Und die Politiker sind nun empört über die »Unbotmäßigkeit« der Bürger.

Der Ablauf ist fast immer der gleiche: Die an der Macht sind, wollen an der Macht bleiben, weil ihnen das persönlich viele Vorteile bringt. Um es zu erreichen, brauchen sie die Stimmen der Wähler. Das gehört nun einmal zur Demokratie. Um diese Stimmen zu bekommen, versprechen sie, was die Wähler hören wollen. Wenn das später nicht in Erfüllung geht, stört es sie kaum. Denn sie sind dann ja im Amt. Der Bürger aber nimmt das übel.

Viele, wahrscheinlich die meisten Politiker bestreiten das zwar. Sie behaupten, die Bevölkerung wolle das hören, was sie sich wünscht, auch wenn es nicht stimmt. Dies ist jedoch entweder eine Selbsttäuschung oder aber, wahrscheinlicher, eine unglaubhafte Ausrede. Gerade die weltweit wachsende Staatsverdrossenheit beweist, daß diese These falsch ist.

Der Wunsch der Bürger nach Ehrlichkeit ihrer Politiker erwächst allerdings nicht aus einem moralischen Impuls. Sondern er entsteht in erster Linie aus Angst. Aus der Angst davor, mit Hilfe unrichtiger, geschönter Darstellungen übers Ohr gehauen zu werden. Denn wer guten Nachrichten oder schönen Versprechungen vertraut, die sich nachträglich als falsch herausstellen, erleidet leicht Verluste.

Verständlicherweise ist die Angst davor bei Armen noch größer als bei Reichen. Je ärmer einer ist, desto weniger hat er zu verlieren. Wenn die Regierenden sich viel Geld unter den Nagel reißen, nehmen sie ihm das wenige, was eventuell vorhanden ist, nämlich auch noch weg.

Deshalb ist die Geldgier der Politiker in armen Ländern vermutlich ein wichtigerer Grund für die Staatsverdrossenheit als in reichen. Denn korrupte Politiker und Beamte können ein wohlhabendes Volk zwar weniger wohlhabend machen aber nicht arm. Bei armen dagegen geht es nicht selten um das nackte Überleben. Das seinerzeit von den Somozas ausgebeutete und daher blutarme Nicaragua wie die bis 1959 von Battista ausgebeutete Zuckerinsel Kuba, wo die Töchter der Armen die Bordelle für den amerikanischen Mittelstand füllten, um ihre Familien vor dem Verhungern zu bewahren, sind typische Beispiele dafür.

In den wohlhabenden Ländern Westeuropas spielt dagegen die Angst vor falschen Versprechungen der Politiker eine größere Rolle als der Zorn über ihre Geldgier. Das zeigen die vergangenen drei Jahre in Deutschland. Hier ist die Staatsverdrossenheit deshalb so dramatisch angestiegen, weil der Bonner Regierungschef seinen Bürgern wider besseres Wissen einen mühelos wachsenden Wohlstand versprach.

Hätte Helmut Kohl nach dem Fall der Mauer den deutschen Bürgern Anstrengungen, Opfer und Mühlsal angekündigt, wie Churchill das Anfang des Zweiten Weltkrieges getan hatte, hätten die Bürger in West und Ost das widerspruchslos akzeptiert, weil sie das Gefühl gehabt hätten, sie erfahren die Wahrheit. Das aus Popularitätshascherei gegebene Versprechen, es würde alles nichts kosten, was sich bereits wenige Monate später als bloße Augenwischerei herausstellte, löste dagegen im Westen zunehmende Angst vor den steigenden Kosten und im Osten Enttäuschung über das Ausbleiben des versprochenen Wohlstands aus.

Schönfärberei hat nun einmal zwangsläufig Unsicherheit zur Folge. Und Unsicherheit steigert ebenso zwangsläufig die Angst. Denn bekannte Übel sind erfahrungsgemäß weit weniger schlimm für den Betroffenen als unbekannte Gefahren.

Die Lobbyisten

Der Herr trug einen eleganten grauen Tropenanzug und eine teure Sonnenbrille. Er wohnte im Hotel »Indonesia«, dem damals vornehmsten und teuersten Hotel der indonesischen Hauptstadt Jakarta. Er hatte ein Zimmer in einem der obersten Stockwerke für mehrere Wochen fest gebucht, gab gute Trinkgelder und stammte aus Westdeutschland, wie man die Bundesrepublik hier damals allgemein nannte.

Von Beruf war er Ingenieur und Unternehmensberater – jedenfalls nannte er sich so. Er führte viele Gespräche mit hohen Beamten und auch Ministern und war einmal sogar offiziell beim indonesischen Staatschef Präsident Suharto eingeladen zu einem kleinen Empfang für einen ausgewählten Personenkreis. Hierbei – so munkelte man jedenfalls damals – soll er sich geraume Zeit mit der Frau des Präsidenten, Mrs. Tien Suharto, unterhalten und sie auch später noch einmal getroffen haben.

Einige Zeit später wurde mit dem Bau eines Stahlwerkes etwa hundert Kilometer westlich von Jakarta begonnen.

Fachleute in der Regierung hatten zwar festgestellt, daß ein Stahlwerk sich eigentlich nicht rentiere. Denn Indonesien besitzt zwar viele Bodenschätze von Öl, Zinn und Bauxit bis zu Silber und Gold. Aber Eisenerz, um Stahl zu produzieren, mußte man einführen. Und da wäre es im Grunde billiger gewesen, gleich den Stahl einzuführen.

Aber dann kam der Ingenieur aus Deutschland, und einige Zeit später wurde doch ein Stahlwerk gebaut. Zwei Milliarden Mark sollte die Anlage ursprünglich kosten. Später wurde es, wie man das ja gewohnt ist, sehr viel mehr. Und das Erz dafür mußte aus Brasilien herangeschafft werden, den ganzen langen Weg durch den Panamakanal.

Ich habe den Bau des Stahlwerks damals für einen Dokumentarfilm aufgenommen. Eines abends, als ich müde und verdreckt in der Kantine einer Firma saß, die an dem Bau beteiligt war, kam ich mit einem einheimischen Journalisten ins Gespräch, der über unsere Dreharbeiten berichten wollte.

Auf meine Frage, warum Indonesien für so viel Geld eine so teure und wenig rentable Anlage baue, sah er sich vorsichtig um und sagte dann leise:

»Ihre Firmen haben ein paar gerissene Leute mit einer Menge Geld hergeschickt, die haben mit unseren Ministern und vor allem mit der Frau von unserem Präsidenten geredet und haben sie überzeugt – Experten aus Europa haben bei unserer Regierung einen guten Ruf, besonders wenn sie Geld mitbringen.«

Indonesien besitzt Öl und viele Rohstoffe. Aber die Masse seiner Menschen ist arm. Es sind Kleinbauern, Tagelöhner, Arbeiter und viele Arbeitslose. Und die haben keine Lobby, keine »Experten« mit Geld, die Minister und Beamte davon »überzeugen« können, daß etwas für sie getan werden muß. Große Konzerne und Industrien haben solche Leute, können sie sich leisten. Die sorgen dafür, daß von dem Geld aus den Öleinnahmen nicht kleine Fahrradfabriken oder Werften für Fährschiffe zwischen den Inseln, sondern zum Beispiel ein großes Stahlwerk gebaut wird, das keiner braucht.

■ Was bei solchen, von geschickten Lobbyisten eingefädelten »Projekten« im Süden unserer Welt dann herauskommt, sind vielfach »Entwicklungsruinen«, auch »Weiße Elefanten« genannt. Man findet sie in allen drei südlichen Kontinenten von den inzwischen halb abgesoffenen Kernkraftwerken in Brasilien bis zu unbenutzten Zementfabriken in Ost- und Westafrika, von kaum benutzten Flugplätzen in Südasien bis zu kaum befahrenen Straßen im Nahen Osten.

Das »Motiv« für solche wenig nützlichen »Investitionen« bezeichnet man natürlich nicht mit dem brutalen Ausdruck »Bestechung«. Dann wäre es ja nicht steuerlich absetzbar. Sondern das sind »Werbungskosten«, die bei den zuständigen deutschen Finanzämtern abgesetzt werden können.

Diese bestehen auch keineswegs immer nur aus Geld. Es gibt vielmehr sehr viele, unterschiedliche, komplizierte und subtile Formen der Beeinflussung Regierender durch Lobbyisten. Alle zielen jedoch darauf ab, die Regierenden des jeweiligen Landes zu Entscheidungen zu veranlassen, von denen zunächst einmal die von den Lobbyisten repräsentierten Firmen oder Unternehmensgruppen profitieren. Wie weit das dann dem Staat nützt, ist weniger wichtig.

Natürlich spielt der Lobbyismus auch in den Industriestaaten eine große Rolle. Aber in der Dritten Welt wird er deutlicher sichtbar. Denn deren Staaten und Regierungen sind machtloser und daher für Beeinflussungsversuche von Lobbyisten empfänglicher. Und selbst wenn sie es wollten, könnten sie sich dagegen oft auch gar nicht wehren.

So versuchte die Regierung von Bangladesh in den 80er Jahren den Zustrom teurer, devisenträchtiger und noch dazu vielfach überflüssiger ausländischer Medikamente zu stoppen oder wenigstens einzuschränken.

Daraufhin mobilisierten die Lobbyisten der chemischen Industrie in den USA die Regierung in Washington. Und diese ließ bei der Bangladesh-Regierung in Dhaka – diskret natürlich – darauf hinweisen, daß ein solches Vorgehen sich möglicherweise negativ auf die staatlichen amerikanischen Hilfszahlungen an Bangladesh auswirken könnten. Daraufhin verzichtete man in Dhaka verständlicherweise auf die geplante Sparaktion.

Dies war keine Ausnahme. Der nigerianische Präsident Babangida, dessen Land aufgrund der gesunkenen Ölpreise in den 80er Jahren in finanzielle Schwierigkeiten geriet, untersagte, um Devisen zu sparen, die Einfuhr von Weizenmehl nach Nigeria. Denn die Nigerianer hatten früher niemals Weißbrot gegessen, sondern sich dies erst in der Zeit ihres Ölreichtums angewöhnt. Auch hier machte sogleich die mächtige Lobby der amerikanischen Weizenfarmer erfolgreich mobil. Dem nigerianischen Präsidenten wurde mitgeteilt, Washington betrachte ein solches Einfuhrverbot als »unfreundlichen Akt«.

Derart wirksame Arbeit ausländischer Lobbyisten bekommt vor allem die Masse der Bevölkerung zu spüren. Geld, Arbeit und Lebensmittel werden knapp, weil die Regierenden die spärlichen Devisen für überflüssige Dinge ausgeben.

Daß Lobbyisten für ihre Arbeitgeber werben, ist verständlich und ihre Aufgabe. Aber wenn, was häufig der Fall ist, die von ihnen herbeigeführten Entscheidungen der Regierenden nur den Interessenten nützen, dem Staat und der Masse seiner Bürger aber schaden, löst das zwangsläufig Mißtrauen und Verärgerung aus. Die richten sich nicht gegen die Lobbyisten – denn die bleiben meist unsichtbar –, sondern gegen die Regierenden und den Staat. Denn von denen erwartet der Bürger mit Recht, daß sie sich um das Gemeinwohl kümmern und nicht um Einzelne, die ihr Geld oder ihre Macht spielen lassen. Und daraus entsteht dann Staatsverdrossenheit.

■ Das alles gibt es jedoch nicht nur in der Dritten Welt, wie manche Bundesbürger glauben, sondern auch hier in Europa, in Deutschland, bei uns zu Hause. Und wir erleben es täglich. Um nur ein Beispiel zu nennen: beim berühmten Jäger 90.

Solange der Ost-West-Konflikt die Weltpolitik bestimmte, war seine Entwicklung und Produktion durchaus begreiflich. Trotz der hohen Kosten. Denn es ging ja schließlich um unsere Verteidigung, um unsere Sicherheit. Aber nach dem Zusammenbruch der Sowjetunion, des Ostens?

Da wollte die Mehrheit der Bürger ihn nicht mehr. Weil sie seine Notwendigkeit nicht einsah. Gegen wen sollte er uns denn verteidigen? Gegen Tatschikistan? Oder die Ukraine? Oder die Serben? Oder womöglich die Asylanten?

Es gab alle möglichen Begründungen für die Fortsetzung seiner Entwicklung trotz der immensen Kosten, von der angeblichen Vertragstreue gegenüber den Partnern bis zur angeblichen Bedrohung Europas durch die Dritte Welt (der wir inzwischen fleißig Waffen verkauften, die wir selbst nicht mehr brauchten), vom angeblichen technischen Fortschritt, den die Entwicklung der Superwaffe unserer Industrie brächte, bis zu dem berühmten Standardargument, die Produktion des Jäger 90 sichere Arbeitsplätze und müsse deshalb in Angriff genommen werden.

Es gab im Dritten Reich einen bösen Witz, der lautete: Wir müssen die Konzentrationslager weiter betreiben, weil sonst die Stacheldraht- und Giftgasfabriken pleite gehen, und die da Beschäftigten verlieren ihre Arbeitsplätze. An den erinnert mich das Argument mit den Arbeitsplätzen durch den Jäger 90.

Der Jäger 90 – was immer am Ende aus ihm wird – ist keine Ausnahme. Es gibt Dutzende ähnlich gelagerter Fälle. Ein mich besonders beeindruckender ist der Alkohol.

Unsere Regierung führt zu Recht einen Kampf gegen den Drogenmißbrauch. Weil dadurch besonders junge Menschen in Gefahr kommen. Aber gegen die Haupteinstiegsdroge, den Alkohol, wird nichts getan. Unsere Obrigkeit versucht, nicht ohne Erfolg, den Zigarettenkonsum einzuschränken, weil Nikotin gesundheitsschädlich ist. Aber gegen den Alkoholkonsum, der uns jährlich Hunderttausende neuer Alkoholiker, also Kranker bringt und über 20 Milliarden Mark im Jahr an Gesundheitsschäden kostet, wird praktisch nichts getan. Weil die mächtige Lobby der Schnapsfabrikanten das verhindert.

Es gibt sogar Politiker, an denen man die Macht und den Einfluß des Lobbyismus festmachen kann. Einer von ihnen ist Dr. Erich Riedl. Er arbeitet, unbestritten, für die Interessen der Rüstungsindustrie. Das ist nicht strafbar. In deren Interesse versuchte er sogar, eine öffentliche Jubiläumsfeier für Hitlers Vernichtungswaffe V 1 in Peenemünde durchzusetzen. Und zwar nicht als Privatmann. Sondern als Staatssekretär.

Dr. Erich Riedl, Lobbyist von Beruf, war nämlich parlamentarischer Staatssekretär im Bundeswirtschaftsministerium und damit Mitglied der Bunderegierung. Sein Handeln wurde zwar in entscheidendem Umfang von den Wünschen einiger Industriekonzerne beeinflußt, wenn nicht sogar bestimmt. Aber als Mitglied der Regierung beeinflußte und bestimmte er unter anderem mit, was im Staat geschah. Und darunter litt die Glaubwürdigkeit der Regierung und das Ansehen des Staates.

Denn von einem Minister oder einem Staatssekretär erwartet der Bürger doch aufgrund unserer Verfassung, daß er sich in seinem Handeln allein vom Wohl des Staates und seiner Bürger bestimmen läßt. Daß dies nicht überall und immer der Fall ist, weiß jeder. Menschen haben nun mal Fehler. Aber wenn eine Regierung einen solchen Interessenvertreter in ihre Reihen beruft, kann sie sich nicht wundern, wenn zahlreiche Bürger sie für unglaubwürdig und den von ihr regierten Staat für nicht vertrauenswürdig halten.

▪ Es gibt schließlich noch eine Form des Lobbyismus, die sich in besonderem Ausmaß auf die Beziehungen zwischen Bürger und Staat auswirkt, das ist der Lobbyismus der sogenannten Staatsdiener, der Beamten im Rahmen der Bürokratie. Der berühmte britische Historiker Northcote Parkinson hat dieses Phänomen untersucht. Das Ergebnis dieser Untersuchung, also das Prinzip, nach dem unsere Beamten arbeiten, ist als Parkinsonsches Gesetz bekannt.

Eine der Auswirkungen, oder besser Auswüchse dieses Beamten-Lobbyismus ist die immer weiter um sich greifende Bürokratie in der Staatsverwaltung, über die sich keineswegs nur Deutsche zu Recht beklagen. Ob in Frankreich oder Indien, in der Türkei, Westafrika oder Mexiko, überall wird dem Bürger das Leben durch eine oft unsinnige Flut komplizierter Verordnungen und vor allem durch die sie exekutierenden Staatsdiener erschwert.

Zwar ist ein Teil dieser Anordnungen ohne Zweifel sinnvoll. Und ein Teil der Beamten nützt mit seiner Tätigkeit tatsächlich den Bürgern wie dem Staat. Aber nur ein Teil. Der Rest ist überflüssig. Dazu gehören sogenannte »Abwickler« ehemaliger staatlicher Großveranstaltungen – solche Abwickler der Olympischen Spiele von 1936 Berlin waren in der Bundesrepublik bis Ende der 50er Jahre tätig – wie die hochbezahlten Beamten in Brüssel, die die zulässige Krümmung bei Salatgurken festlegen.

Sie sind in Wahrheit hauptsächlich damit beschäftigt, durch ihre Tätigkeit sich selbst, also ihre Posten, ihre Privilegien und ihre Gehälter zu rechtfertigen. Aber Regierungen wie Parlamente sind unfähig, das zu ändern, also die Bürokratie abzubauen. Selbst ein so energischer Bundeskanzler wie Helmut Schmidt ist daran, wie er selbst zugeben mußte, gescheitert. Die Lobby der Beamten war stärker als er. Und das erbittert die Bürger nicht nur gegen die Beamten, sondern auch gegen den durch sie repräsentierten Staat.

Dies ist keine bösartige, beamtenfeindliche Behauptung.

Dies ist nachweisbar. In Deutschland beherrschen die Beamten nämlich nicht nur die Exekutive, die Verwaltung des Staates, also die Regierungen in Bund und Ländern, sondern inzwischen auch die Parlamente.

In den Parlamenten der Bundesrepublik liegt der Anteil der Beamten zwischen einem Drittel und knapp der Hälfte. Sie, und die ihnen vielfach fast gleichgestellten Angestellten des Öffentlichen Dienstes besitzen also zumindest eine Sperrminorität. Damit können sie jeden Versuch, ihre Macht durch Gesetze einzuschränken oder zu beschneiden, erfolgreich blockieren. Und sie tun es. Laufend.

Das heißt praktisch: Die Staatsgewalt geht hierzulande nicht vom Volke aus, wie Artikel 20 unseres Grundgesetzes das bestimmt, sondern von der kleinen Schicht der praktisch unabsetzbaren und kaum kontrollierbaren Beamten, die die Verwaltung des Staates bestimmen. Und das ist eine weitere wichtige Ursache der schleichenden Staatsverdrossenheit. Denn Politiker kann die Bevölkerung wenigstens abwählen, wenn sie mit ihren Verhalten unzufrieden ist. Beamte dagegen nicht.

Theoretisch gäbe es zwar eine Möglichkeit, das zu ändern, also die dem Staatsvertrauen abträgliche Macht der Beamten zu beschneiden. Nämlich durch den Bruch ihrer Macht in den Parlamenten. Dann nämlich könnten sie Gesetze, die ihre Macht einschränken, dort nicht mehr verhindern. Und dafür genügte die Einführung eines numerus clausus für Beamte in unseren Parlamenten.

Wenn der Prozentsatz der Beamten in den deutschen Parlamenten auf 19,9 Prozent begrenzt würde, verlören sie ihre Sperrminorität und könnten Gesetze, die ihre Macht beschneiden, nicht mehr verhindern. Dies wäre auch nur gerecht. Denn wenn plötzlich 40 Prozent unserer Abgeordneten Soldaten oder Bauern wären und dies ausnützten, um Soldaten oder Bauern eine übermächtige Stellung im Staat zu verschaffen, würden wir das ja auch als Ungerechtigkeit empfinden und Maßnahmen ergreifen, um es zu ändern.

Der Einwand unserer Staatsdiener, eine solche Maßnahme stelle eine unzulässige Benachteiligung, eine Diskriminierung der Beamten dar, greift nicht. Wir haben einen numerus clausus für Studenten bestimmter Studienfächer an den Universitäten. Diese Maßnahme widerspricht im Prinzip dem Artikel 12 unseres Grundgesetzes, der jedem Bürger die Freiheit der Berufswahl garantiert. Trotzdem hat kein Beamter je dagegen protestiert, obwohl sie doch eigentlich zu den Wächtern der Verfassung gehören sollten. Haben sie es einfach übersehen? Oder sind für sie Beamte bessere Bürger als Studenten?

Mißtrauen und Abneigung gegen eine immer mächtiger werdende Bürokratie gehören zu den Ursachen der wachsenden Staatsverdrossenheit nicht nur in Deutschland. Sie waren unter anderem einer der Gründe für das dänische Nein bei der ersten dortigen Volksabstimmung über Maastricht. Auch in England, wo die Beamtenlobby bisher verhältnismäßig wenig Erfolge verzeichnen konnte – dem Engländer liegt das anonyme Beamtentum genau so wenig wie die bei uns übliche, jeden Einzelfall regelnde Gesetzesfülle – ist das Mißtrauen gegen ein unkontrollierte und ausufernde Bürokratie ebenfalls einer der Gründe für den Widerstand in der Bevölkerung gegen Maastricht.

■ Lobbyismus und Bürokratie sind eng verbunden mit der durch die zunehmende Technisierung verursachten Anonymisierung der Verwaltung. Beim Finanzamt etwa ist der Bürger nicht mehr Erich Müller oder Gerda Meier, sondern eine zehnstellige Nummer. Und seine Akte bearbeitet »die Behörde«.

Bei mir erschien eines Tages ein sehr höflicher Vollstreckungsbeamter des für mich zuständigen Finanzamtes, um eine angeblich nicht bezahlte »Reststeuerschuld« von 39,82 DM einzutreiben. Als ich die Quittung zeigte, die belegte, daß ich den Betrag längst bezahlt hatte, bat er, mit seiner Dienststelle telefonieren zu dürfen. Er telefonierte einige Zeit – es war ein Ferngespräch – und erklärte mir dann, die Behörde werde den Fall überprüfen.

Auf meine Frage, wer eigentlich die Kosten des Telefongesprächs bezahle, erwiderte er mir, erkennbar erstaunt, das

Gespräch habe doch dem Nachweis meiner Nicht-Schuld gedient und sei daher in meinem Interesse geführt worden; aber wenn ich darauf bestünde, könnte ich die Kosten ja bei der nächsten Steuererklärung geltend machen.

Einige Tage später erhielt ich vom Finanzamt dann den Bescheid, der Betrag sei tatsächlich bezahlt und daher zu Unrecht versehentlich noch einmal angefordert worden. Der Bescheid war nicht unterschrieben und enthielt auch keine Entschuldigung. Auf meine etwas verärgerte Rückfrage, wer für einen solchen für den betroffenen Bürger ja möglicherweise nachteiligen »Irrtum« verantwortlich sei, wurde mir von Amts wegen erwidert, wenn überhaupt, sei dafür »die Behörde« verantwortlich, und die könne man nicht »zur Rede stellen«, wie ich das offenbar glaubte.

Die Ungreifbarkeit der anonymen Bürokratie ist eine ihrer stärksten Waffen aber zugleich eine der Hauptursachen für die Verdrossenheit vieler Bürger. Sie fühlen sich ausgeliefert. Denn sie können sich nicht wehren. Sie laufen gegen eine Wand. Sie erfahren Ungerechtigkeit. Aber niemand ist dafür verantwortlich. Jedenfalls niemand, den sie zur Rechenschaft ziehen können. Denn Behörden sind nun mal nicht greifbar. Das Wissen darum macht Bürokraten nicht selten hochmütig. Und das macht wiederum viele Bürger verdrießlich gegenüber dem Staat.

Hin und wieder stellt zwar ein Rechnungshof oder eine ähnliche Institution, die Behörden überprüfen soll, Fehler oder Unregelmäßigkeiten fest. Aber die haben immer den Eindruck, die dafür verantwortlichen Beamten nehmen davon kaum Notiz. Denn wenn ein Rechnungshof feststellt, daß eine Behörde hunderttausend Mark oder eine Million oder zehn Millionen für etwas Überflüssiges oder Unnötiges ausgibt, also damit Steuergelder verschwendet hat, berichtet darüber vielleicht zuweilen eine Zeitung. Und natürlich ärgern sich die Bürger darüber. Aber es bleibt beim Ärger. Denn tun können sie ja nichts. Verantwortlich ist höchstens »die Behörde«. Und die kann man bekanntlich nicht zur Rechenschaft ziehen.

Aber wenn sich Bürger darüber beklagen, werfen ihnen

Beamte und Politiker nicht selten »unangebrachte Staatsverdrossenheit« vor und fordern sie zu mehr »Loyalität« gegenüber ihrem Staat auf.

Flucht in die Außenpolitik

April 1982. Lateinamerika. Argentinische Truppen besetzen die Malvinen, auch Falkland-Inseln genannt. Eine Inselgruppe im südlichen Atlantik, 500 km vor der Küste Südamerikas. Seit anderthalb Jahrhunderten eine britische Kronkolonie.

Unter der Parole »Beendigung der britischen Kolonialherrschaft« besetzen die Argentinier die Inseln. Das klingt populär. Allerdings – nicht die Bewohner der Malvinen fordern die Beendigung der britischen Herrschaft. Sie wurden gar nicht gefragt. Ihre »Befreiung« erfolgte vielmehr auf Anordnung der argentinischen Regierung. Durch argentinische Soldaten.

Der wahre Anlaß dafür war denn auch nicht die Beendigung der britischen Kolonialherrschaft. Sondern der wahre Anlaß war das Erfolgsbedürfnis der argentinischen Regierung. Nach dem Sturz der peronistischen Regierung im Jahr 1976 hatten die Militärs die Macht im Staat übernommen, waren aber in jeder Hinsicht erfolglos geblieben. In dieser Situation griffen sie zu dem alten Heilmittel der Diktatoren: einem außenpolitischen Erfolg.

Im Gegensatz zu Hitler, der mit dieser Methode ein halbes Jahrzehnt lang beträchtliche Erfolge eingeheimst hatte, ging für die argentinischen Generale die Rechnung jedoch nicht auf. Wider ihr Erwarten stellte sich die Regierung in London zu ernsthaftem Widerstand. Denn auch die demokratisch gewählte Regierung von Margaret Thatcher brauchte einen Prestigeerfolg. Daher griff sie mit kaum verhehlter Begeisterung den ihr hingeworfenen Fehdehandschuh auf, um »Recht und Ordnung« zu verteidigen und ihre Wähler an Stelle fehlender innerpolitischer und wirtschaftlicher mit einem außenpolitischen Erfolg zu beeindrucken. Und ihre Rechnung ging auf.

Die Briten gewannen den unsinnigen Krieg. Der Sieg brachte der Londoner Regierungschefin den Beinamen »Eiserne Lady«, hohes Prestige im Volk und – für England ungewöhnlich – eine zweimalige Wiederwahl. Auch in Demokratien können somit zweifelhafte außenpolitische, fehlende innerpolitische oder wirtschaftliche Erfolge ersetzen.

▪ Anderthalb Jahre nach der Niederlage der Argentinier und dem Erfolg der britischen Regierungschefin greift der amerikanische Präsident Ronald Reagan nach dem gleichen Rezept. Die US-Wirtschaft läuft nicht so, wie er es seinen Bürgern versprochen hat. Daher landen auf seinen Befehl am 25. Oktober 1983 über 6.000 US-amerikanische Marineinfanteristen auf der mit 344 qkm kleinsten unabhängigen Windwar-Insel Grenada in der Karibik.

Vorwand der Invasion ist die angebliche Gefährdung einiger US-amerikanischer Studenten auf der Insel sowie die angebliche Bitte einiger in Grenada residierender europäischer Beamter und Diplomaten um ein militärisches Eingreifen der USA in eine innerpolitische Auseinandersetzung dort.

Die 100.000 Einwohner der Insel leisten keinen Widerstand. Innerhalb weniger Stunden ist Grenada besetzt.

Der Erfolg des militärischen Überfalls verfehlt seinen Eindruck in Washington nicht. Sechs Jahre später wiederholt ihn Reagans Nachfolger George Bush in Panama.

Unmittelbar vor Weihnachten 1989 landen über 23.000 amerikanische Soldaten auf seinen Befehl in Panama, um den panamesischen Präsidenten und ehemaligen CIA-Agenten Noriega zu fangen, den Bush des Rauschgifthandels beschuldigt. Bei dem Überfall wird ein dicht bewohntes Arbeiterviertel der panamesischen Hauptstadt zerbombt. Über fünftausend Menschen kommen dabei ums Leben. Aber Noriega wird gefangen. Und der militärische Erfolg läßt die Bürger der USA die zunehmenden wirtschaftlichen Schwierigkeiten im eigenen Land zumindest vorübergehend vergessen.

Abermals zwei Jahre später – die amerikanische Wirtschaft kränkelt immer stärker – beginnt der Krieg gegen den Irak. Auch er endet mit einem spektakulären Sieg. Und der amerikanische Präsident, der die Initiative dazu ergriffen hat, erntet damit den von ihm erhofften Erfolg. Über 90 Prozent der US-amerikanischen Bürger jubeln ihm begeistert zu.

Ein Jahr später jedoch ist der Glanz des außenpolitischen

Erfolges verblaßt. Wachsende Arbeitslosigkeit, Geldmangel, Wohnungsnot, fehlende soziale Absicherung und andere soziale und wirtschaftliche Schwierigkeiten bedrücken die Bevölkerung und lösen steigende Erbitterung aus.

»Der Präsident interessiert sich nur noch für sein persönliches Ansehen im Ausland, für die Menschen in seinem eigenen Land interessiert er sich überhaupt nicht«, beklagt sich ein amerikanischer Wähler bei einer Fernsehumfrage im Wahlkampf im Oktober 1992.

Und am 3. November 1992 wird Präsident Bush nicht wiedergewählt.

Ähnliche Äußerungen wie die des New Yorker Wählers könnten aufmerksame Beobachter heute in manchen Ländern zu hören bekommen. Etwa im Hinblick auf die zumindest überraschende »Frieden schaffende« Militäraktion in Somalia.

In den USA findet diese noch ein gewisses Verständnis, weil das ostafrikanische Land nach vertraulichen Informationen über nicht unerhebliche Ölreserven verfügt, die Washington nicht gern in »ungeeignete Hände« fallen lassen möchte. In Deutschland dagegen, das derzeit eine ernste wirtschaftliche Rezession mit dramatisch steigenden Staatsschulden durchlebt, löst die Entsendung von Bundeswehrsoldaten in das vielen unbekannte afrikanische Land bei vielen Bürgern zumindest Mißtrauen aus. Nicht wenige haben den Eindruck, die spektakuläre außenpolitisch-militärische Aktion diene vor allem der Ablenkung von der wirtschaftlichen Misere im eigenen Land.

▄ Drei Jahre nach der Beendigung des Ost-West-Konflikts gibt die Bonner Regierung noch immer über 50 Milliarden Mark im Jahr für die »Verteidigung« Deutschlands aus. Verteidigung gegen wen eigentlich?

Die Frage danach wird lauter. Zugleich werden Fragen laut, ob »Siege« in Lateinamerika, im Vorderen Orient oder in Asien wirklich etwas »bringen«; ob außenpolitische Erfolge, Ansehen und Prestige der eigenen Regierung draußen in der Welt dem Bürger im eigenen Lande, der sie ja bezahlt, im Zeitalter eines sich einigenden Europas mit einer europäischen Außenpolitik wirklich etwas nützen. Denn für seine Sorgen und Probleme hat eine Regierung, die sich so spektakulär auf außenpolitischem Gebiet engagiert, immer weniger Zeit – abgesehen von den wenigen Monaten vor der nächsten Wahl.

Überall in der Welt reden die Politiker heute gern von dem nach Ende des Ost-West-Konflikts beginnenden friedlichen Zusammenleben der Völker. Wofür brauchen wir da aber, fragen die Bürger, immer noch mehr und noch teurere Waffen, während Wohnungen und Arbeitsplätze fehlen, während die Umwelt verkommt, während die Polizei nicht in der Lage ist, die wachsende Kriminalität im eigenen Lande zu bekämpfen, während Schulen und Universitäten fehlen, und während selbst wohlhabende Staaten wie Deutschland in finanzielle Schwierigkeiten geraten.

Die zunehmenden Zweifel und die wachsende Verdrossenheit haben den ehemaligen amerikanischen Präsidenten George Bush trotz seines Sieges im Irak seine Wiederwahl gekostet. Sie werden inzwischen auch im sonst so obrigkeitshörigen Deutschland – wenn auch vorerst nur leise – hörbar, wenn der Bundeskanzler eine seiner mit vielen Schecks ausgestatteten Prestigereisen nach Lateinamerika oder Südasien unternimmt (anstatt in die weniger prestigeträchtige ehemalige DDR zu reisen). Und selbst der Präsident der ansonsten so auf ihr außenpolitisches Prestige bedachten französischen »grande nation«, François Mitterand, bekam sie inzwischen zu spüren.

In einer Zeit verbesserter Kommunikation und weltweiten Zusammenrückens der Länder verliert das Rezept außenpolitischer Aktionen zur Ablenkung der Bürger von innerpolitischer Unzufriedenheit wenn auch langsam seine Wirksamkeit. Wer ständig von verbesserter internationaler Zusammenarbeit redet, kann nicht gleichzeitig mehr und teurere militärische Verteidigungsbereitschaft proklamieren, ohne sich damit unglaubwürdig zu machen. Und Unglaubwürdigkeit der Regierenden hat zwangsläufig eine zunehmende Staatsverdrossenheit der Bürger zur Folge.

Mit den Bürgern redet keiner

In Yamasoukro steht einer der größten und eindrucksvollsten, um nicht zu sagen protzigsten katholischen Dome der Welt. Er ist dem Petersdom in Rom nachgebaut.

Yamasoukro ist die Hauptstadt der Elfenbeinküste. Noch vor zwei Jahrzehnten war es ein kleines, unbedeutendes Dorf. Knapp 200 Kilometer nordwestlich von Abidjan, der damaligen Hauptstadt. Aber dann erkor der Präsident, Felix Houphouet-Boigny, es zur Hauptstadt seines Landes.

Denn die Hafenstadt Abidjan platzte aus allen Nähten. Und in Yamasoukro war – das war wohl das Entscheidende hier – der Präsident geboren. Deshalb wurde dort denn auch der riesige Dom gebaut. In einem kleinen afrikanischen Land mit knapp 13 Millionen Einwohnern, von denen gerade 12 Prozent Christen waren. Zum Ruhme des Christengottes – und des Präsidenten.

Geld dafür hatte man – damals jedenfalls. Kaffee und Kakao brachten ausreichend Devisen. Da konnte man sich, so meinte jedenfalls der Präsident, nicht nur eine neue Hauptstadt, sondern auch den kostspieligen Dom durchaus leisten.

Die Bevölkerung wurde allerdings nicht gefragt. Zwar ist die Elfenbeinküste ihrer Verfassung nach eine Demokratie. Es gibt ein Parlament. Und der Präsident wird gewählt. Aber bei über 15 Prozent Moslems und fast zwei Dritteln Animisten wäre mit einer Zustimmung der Bevölkerung zu dem katholischen Prunkbau wohl kaum zu rechnen gewesen. So verzichtete der Präsident auf ihre Befragung und ordnete den Bau aus eigener Machtvollkommenheit an.

Dann verschlechterte sich die wirtschaftliche Situation des Landes jedoch laufend. Kaffee- und Kakaopreise fielen. Die Deviseneinnahmen schrumpften. Lebensmittel wurden knapp. Ihre Preise stiegen. Die Menschen wurden unzufrieden. Und es kam zu Unruhen.

Bei einem Aufenthalt Ende der 80er Jahre zeigt mir ein französischer Lehrer, der seit über fünfzehn Jahren an der Elfenbeinküste lebt, das Gymnasium in Abidjan, an dem er unterrichtet.

»Die Atmosphäre hier hat sich verändert«, sagt er leise, »früher wäre so etwas nicht passiert. Früher hatte der ›Alte‹, wie sie den Präsidenten hier nennen, mit seinen Untertanen geredet. Heute sitzt er da oben in seinem Dorf, weit weg – das ist für viele hier fast so wie bei den Franzosen, als in Paris entschieden wurde, was hier geschehen sollte. Das stört die Menschen. Sie sind gewöhnt, daß der Chef, also früher der Häuptling, heute der Präsident, daß der mit ihnen redet – palavert, wie man hier sagt.«

Früher bauten die Einwohner hauptsächlich Maniok, Kasawa, Hirse und Gemüse an, Lebensmittel, die sie selber aßen, von denen sie satt wurden. Dann wurde, auf Weisung des Präsidenten, statt dessen immer mehr Kaffee und Kakao, danach Ananas und Erdbeeren für den Export angebaut, weil das Devisen brachte und die Regierung daran verdiente.

Für einen Teil der Devisen kaufte man die fehlenden Lebensmittel für die Bevölkerung ein. Von dem Rest bezahlte der Präsident seinen Dom. Aber dann sank der Weltmarktpreis für die Exportprodukte, die Deviseneinnahmen fielen, und nun fehlt es an Geld, um Lebensmittel für die Bevölkerung zu kaufen.

»Wenn der Präsident mit den Bürgern geredet hätte, wäre der Dom nicht gebaut worden«, versichert mir der Lehrer, »dann hätte man hier weiter Maniok und Kasawa und Gemüse angebaut, und die Menschen wären satt geworden. Jetzt gibt es Hunger im Land, und die Menschen sind böse.«

An der Elfenbeinküste sind es Kakao und Kaffee. In Brasilien ist es Soja. Im Süden des Landes wurden früher vorwiegend Reis, Bohnen, Kartoffeln, Zwiebeln, Maniok angebaut; hier grasten Kühe. Die Landbesitzer hatten ihre Äcker verpachtet, meist an kleine Bauern, die es mit ihren Familien und vielleicht ein paar Tagelöhnern bearbeiteten und sich wie die Bewohner der kleinen Städte damit ernährten. Heute wird hier vor allem Soja angebaut. Auf riesigen Flächen. Für den Export. Denn das bringt Geld.

Den Pächtern wurde gekündigt. Sie zogen in die großen, ohnehin überfüllten Städte. Die meisten sind in den Favellas, den Elendsvierteln von Porto Alegre, Curitiba und Sao Paulo gelandet.

»Die Regierung redet bei uns nur mit den Reichen«, sagt Eduardo Coimbra, ein aus seinem Dorf vertriebener Pächter, »der Staat interessiert sich nicht für die armen Bürger, für den sind wir nur eine Last.«

■ Alle zwei Wochen wird ein amerikanischer Friseur mit einem Flugzeug von New York nach Kinshasa, der Hauptstadt von Zaire geflogen, um dort einem Mann die Haare zu schneiden. Der Mann heißt Sese-Seko Mobutu. Er ist der Präsident des zentralafrikanischen Staates Zaire.

Jeder Flug, oder richtiger, jedes Haareschneiden kostet umgerechnet etwa 7.350 Mark. Das hat mein britischer Kollege Graham Hancock ausgerechnet. Aber der Präsident kann sich das leisten. Die Bewohner des Landes gehören zwar zu den ärmsten Bürgern der Welt. Aber er selbst gehört zu den reichsten. Sein Vermögen, angelegt in Schweizer Nummernkonten wie in zahlreichen feudalen Landhäusern, Villen und Schlössern in Belgien, Spanien, der Schweiz und an der französischen Riviera, wird auf über 12 Milliarden Mark geschätzt.

Zaire ist potentiell ein durchaus wohlhabendes Land. Es besitzt große Wälder, der Boden ist, zumindest teilweise, nicht schlecht, der Kongo bringt genug Wasser, neben Kupfer gibt es Kobalt und Diamanten, und mit 36 Millionen Bewohnern ist das Land nicht überbevölkert.

Aber seine Bewohner sind arm. Dabei sind die Staatseinnahmen gar nicht einmal gering, obwohl die Weltmarktpreise auch für Kupfer und Diamanten gesunken sind. Und der Etat wird zusätzlich durch sogenannte Entwicklungshilfegelder aus den westlichen Industriestaaten regelmäßig und kräftig aufgestockt. Aber 18 Prozent der Staatseinnahmen fließen allein offiziell in die Taschen des Präsidenten.

Um das strategisch wichtige und rohstoffreiche Land auf ihrer Seite zu halten, stellten die westlichen Industriestaaten seinem Präsidenten in all den Jahren des Ost-West-Konflikts regelmäßig große Geldmengen also sogenannte Entwicklungshilfe zur Verfügung. Dies ermöglichte es ihm, nicht nur die Aufstände gegen ihn und seine Politik im Lande stets blutig und erfolgreich niederzuschlagen, sondern auch sein persönliches Vermögen stetig zu steigern.

Auch die Bundesrepublik gehört seit langem zu seinen Unterstützern. So finanziert sie den Bau einer Autobahn quer durch das Land, obwohl diese den letzten großen Regenwald Zentralafrikas gefährdet und die Ökologen schwerste Bedenken dagegen erheben. Aber da der korrupte Diktator Mobutu ein zuverlässiger politischer Parteigänger des Westens war, und da die Straße außerdem von deutschen Firmen gebaut wird und somit ein erheblicher Teil des Geldes nach Deutschland zurückfließt, wird das Projekt weitergeführt.

■ Zaire ist mit Sicherheit ein extremer Fall. Aber er ist keine Ausnahme. In der Dritten Welt gibt es Dutzende ähnlich gelagerter Fälle.

In Afrika sind Ursache meist die »neuen Eliten«, die nach Ende der Kolonialherrschaft vielfach unvorbereitet an die Regierung gekommenen Machthaber. Nicht selten Militärs. Ihr Hauptziel ist nicht das Wohl von Volk und Land, sondern in erster Linie die Erhaltung der neuen Macht für sich selbst, ihre Familie, Sippe oder ihren Stamm.

Um das zu erreichen, reden sie nicht mehr mit den Bürgern, wie das in der traditionellen afrikanischen Gesellschaft üblich war, sondern sie geben ihnen Anweisungen. Und bei ihrer Tätigkeit wie ihrem Machterhalt lassen sie sich von ausländischen Mächten, nicht selten von den ehemaligen Kolonialherren, finanziell und militärisch stützen. Da sie in ihrer Machtstellung von diesen abhängig sind, führen sie deren Weisungen aus, meist zu deren Vorteil und nicht zum Vorteil des Volkes. Daß dessen Bürger dann verdrossen sind, ist die Folge.

Im Norden Afrikas vollzog sich eine ähnliche Entwicklung. Nach Erkämpfung der Unabhängigkeit gegen die Kolonialmächte etablierte sich auch hier sehr bald eine solche »neue Elite«.

Der wachsende Unmut der »Untertanen«, mit denen niemand redete, obwohl sie doch nunmehr angeblich stimmberechtigte Bürger waren, trieb diese in die Arme des islamischen Fundamentalismus. Denn die religiösen Führer waren die einzigen, die mit den Bürgern sprachen und auf ihre Wünsche hörten. Und je mehr sich die Regierenden auf die ehemaligen Kolonialherren stützten, desto mehr Anhänger gewann der gegen die alten christlichen »Unterdrücker« auftretende islamische Fundamentalismus im Land.

In Lateinamerika bestimmt seit anderthalb Jahrhunderten eine sehr kleine aber vielfach immens reiche Oberschicht, vielfach Großgrundbesitzer, mit Hilfe des von ihr bezahlten Militärs, was im Lande geschieht. Die breite Masse der Bevölkerung wird auch hier nicht gefragt.

Die Kluft zwischen Arm und Reich ist hier im Laufe des 20. Jahrhunderts ständig tiefer geworden. Gleichzeitig hat die immer ärmer werdende Masse der Bevölkerung aber, vor allem durch Radio und Fernsehen, zunehmend Möglichkeiten erhalten, sich über das, was im Lande geschah, zu informieren und ein Urteil zu bilden. Die Folge davon waren auch hier zunehmende Unzufriedenheit, dann Unruhen, Aufstände und schließlich Bürgerkrieg. Das gilt für El Salvador und Guatemala, für Honduras, Nicaragua und Kuba, für Venezuela, Peru, Bolivien, Chile und Brasilien.

Der Ost-West-Konflikt gab den verarmten und unzufriedenen Massen eine Gelegenheit, ihre Erbitterung in Form blutiger Aufstände und Bürgerkriege zum Ausdruck zu bringen. Diese brachten ihnen hier und da sogar vorübergehende politische Erfolge wie in Kuba und Nicaragua. Der Zusammenbruch der Sowjetunion hat diese Möglichkeit zerstört. Aber die Verdrossenheit ist geblieben. Und sie macht sich auch heute immer wieder Luft, selbst gegenüber angeblich demokratischen Regierungen wie in Brasilien, Argentinien oder Peru und Chile.

■ Die Arroganz der Obrigkeit, die kaum noch mit den Bürgern sondern meist nur noch über sie spricht, nimmt in Deutschland zwar nicht so krasse Formen an wie vielerorts in der Dritten Welt, ist aber auch hier deutlich erkennbar.

Auch auf dem Gebiet der Entwicklungshilfe. Sicherlich kann die Bevölkerung nicht ständig befragt werden, ob sie für oder gegen eine bestimmte wirtschaftliche, finanzielle oder gar militärische Unterstützung einzelner asiatischer, afrikanischer oder lateinamerikanischer Staaten ist. Aber bei einer weltweit als brutal und korrupt bekannten Diktatur wie der in Zaire hat der Bürger ein Recht zu erwarten, daß die Obrigkeit ihm ihre Absichten zumindest bekannt macht, anstatt sie sorgfältig in den Akten zu verstecken, wie das heute in Deutschland geschieht. Schließlich bezahlen das Geld nicht die Politiker und Beamten, die es so freigiebig ausgeben, sondern die Bürger.

Noch deutlicher wird die Mißachtung der Bürger durch die Bonner Regierung in deren Verhalten gegenüber China. Hier erhält eine Regierung von Deutschland Hunderte von Millionen Mark, die nicht nur vor wenigen Jahren friedlich demonstrierende Studenten blutig zusammenkartätschen ließ, sondern die seit Jahrzehnten offen und unverhohlen gegen die Menschenrechte verstößt, indem sie das Land Tibet besetzt hält und seine Bürger drangsalieren, foltern und umbringen läßt.

Dies ist weltweit bekannt. Trotzdem unterstützt die Bundesregierung, die sich fast täglich auf die Menschenrechte beruft und deren Einhaltung immer wieder öffentlich verlangt, das Regime in Peking, das täglich dagegen verstößt und sogar öffentlich erklärt, daß es damit fortfahren wird. Politiker, die sich, aus welchen Gründen auch immer, so verhalten, können nicht erwarten, daß ihre Bürger sie für glaubwürdig halten.

Die Neigung, den Bürgern einfach mitzuteilen, »wo's lang geht«, anstatt mit ihnen zu reden, sie also wie Untertanen zu behandeln, ist auch in Deutschland weit verbreitet. Ein Bundestagsabgeordneter, der sogar eine kurze Zeit lang Minister war und den ich deshalb einmal darauf ansprach, bestritt das auch gar nicht, sondern erklärte es schlicht als »notwendig, weil die Dinge viel zu kompliziert sind und die Leute sie doch nicht verstehen«.

Auf dem Gebiet der sogenannten Entwicklungshilfe mag

solche Argumentation manchen noch akzeptabel erscheinen. Aber die Obrigkeit verwendet sie ja auch im innerpolitischen Bereich. So werden in weiten Teilen Deutschlands Amtsträger, wie etwa Bürgermeister, Mitglieder von Kontrollgremien, wie etwa Rundfunkräte und auch Parlamentskandidaten in Bund und Ländern, immer wieder von Ämtern, Behörden und vor allem von Parteigremien ohne jede Bürgeranhörung bestimmt und ernannt.

Bundestagsabgeordnete beklagen sich häufig darüber, daß die Bürger sich für ihre Arbeit nicht interessieren. Aber wie soll der Bürger sich für einen Volksvertreter interessieren, der zumindest bei den sogenannten Landeslisten von dem zuständigen Parteigremium bestimmt, dem Wähler bei einer Wahlpropagandaveranstaltung vorgeführt wird und der bei seiner Arbeit dann in erster Linie die Interessen seiner Partei im Auge hat, die ihn aufstellte, und höchstens an zweiter Stelle die Anliegen der Bürger?

Demokratie heißt schließlich Herrschaft des Volkes. Wenn das Volk aber herrschen oder zumindest in irgendeiner Form an der Herrschaft beteiligt werden soll, muß es wenigstens eine Möglichkeit haben, bei der Auswahl seiner eventuellen Vertreter mitzureden. Politiker, die von ihren Parteien nach reinen Parteigesichtspunkten ausgewählt und benannt werden, können bei den Bürgern nicht mit jenem Engagement rechnen, das sie ständig von ihnen fordern.

»Wir reden hier ständig über die Bürger, warum die so gewählt haben und was sie nach unserer Ansicht falsch oder richtig gemacht haben – wie wäre es, wenn wir mehr mit ihnen reden würden?«

Der Satz fiel in einer Podiumsdiskussion im Fernsehen. Kurz nach der Landtagswahl in Schleswig-Holstein im Mai 1992. Der ihn sagte, war der Abgeordnete der dänischen Minderheit im Kieler Landtag, Karl Otto Meier.

Seine Kollegen in der Politikerrunde waren erkennbar überrascht. Man sah ihren Gesichtern an, daß sie mit solcher Anregung oder auch Kritik nicht gerechnet hatten. Vermutlich auch deshalb blieb mir der Satz des Dänen im Gedächtnis.

Daß gerade er diese Ansicht vertrat, ist nicht verwunderlich. Die skandinavischen Demokratien sind bewußt »bürgernah«, um es mit einem Wort zu umschreiben. Ob das an der geringeren Volkszahl, der geopolitischen Lage oder Tradition liegt, ist hier nicht zu untersuchen. Aber daß die Bürgernähe, der direkte Kontakt zwischen Politikern und Bürgern in diesen Ländern eine größere Rolle spielt als etwa in Deutschland, also bei uns, ist kaum zu bestreiten.

Natürlich pflegen auch unsere Politiker »Kontakt zum Volk«. Sie besichtigen Krankenhäuser und Schulen, weihen Straßen ein, eröffnen Tagungen und Kongresse und richten dabei wohlformulierte Worte an die Menge, oder richtiger wohl an das Fernsehen und die Presse »für die Öffentlichkeit«. Aber den eigentlichen und direkten Fragen der Regierten, also der Bürger, stellen sie sich kaum. Sie reden ja kaum noch miteinander.

Im Bundestag kann man das beobachten. Dort lesen sie ihre häufig von professionellen Redenschreibern für sie verfaßten Reden vor. Im Londoner Unterhaus darf niemand seine Rede vorlesen. Wenn dort ein Abgeordneter außer Zahlen oder Zitaten etwas abliest, wird er nach wenigen Sätzen vom Speaker unterbrochen und darauf hingewiesen, daß im Parlament frei geredet werden muß (Ausnahmen gelten nur für offzielle Regierungserklärungen). Wer dagegen verstößt, dem entzieht der Speaker das Wort. Auf diese Weise kommt es dort zu echten Debatten.

Das entspringt keiner Marotte. Sondern die Briten wissen, daß vorgelesene Reden die Kollegen im Plenum ermüden. Sie hören auf zuzuhören. Sie warten höchstens noch auf die Gelegenheit für einen Zwischenruf oder darauf, daß sie selbst an die Reihe kommen, den Kollegen ihre Rede vorzulesen - die dann auch nicht zuhören.

Und dann wundern sich die Regierenden bei uns, wenn die Bürger sich langweilen und schließlich verdrießlich werden. Was da vorgetragen wird, ist entweder bekannt oder es wirkt unglaubhaft. Und die meisten Kollegen des Redners hören ihm ja auch nicht zu. Wenn die Volksvertreter mit den Angehörigen ihres Volkes reden würden, würden diese sich für das, was da gesagt wird, mit Sicherheit interessieren. Aber was da über sie geredet wird, können sie genau so gut aus der Zeitung erfahren.

Die Zweiklassengesellschaft

Im Herbst 1992 trifft Frankreichs Raucher ein harter Schlag: Ab 1. November darf in öffentlichen Gebäuden und Aufenthaltsräumen nicht mehr geraucht werden. Das Verbot gilt nicht nur für Verkehrsmittel wie Eisenbahnen und Flugzeuge sowie für Kinos und Theater, sondern auch für Bahnhöfe und Universitäten, ja sogar für private Cafés und Restaurants und selbstverständlich ebenso für Behörden und das Parlament.

Dort allerdings mit einer Ausnahme: Die Abgeordneten dürfen dort rauchen. Zwar nicht im Plenarsaal. Denn dort könnte diese Bevorzugung ja der Bevölkerung auffallen, wenn die Fernsehkameras laufen und der Rauch für das Publikum auf dem Bildschirm sichtbar würde und bei ihm Neid und Ärger erregte. Aber in den übrigen Räumen des Hohen Hauses. So haben die Abgeordneten es beschlossen.

Dieses Privileg gilt allerdings nur für die Abgeordneten selbst. Die Parlamentsangestellten müssen sich wie alle übrigen Bürger an das Rauchverbot halten.

Quod licet jovi non licet bovi - was Jupiter erlaubt ist, ist dem Rindvieh nicht erlaubt - so beschreibt ein altes römisches Sprichwort die unterschiedliche Behandlung von Regierenden und Regierten. Oder, wie ein französischer Kollege von mir es spöttisch formuliert:

»Die Zweiklassengesellschaft existiert munter weiter. Nur sind die Oberen heute nicht mehr die Könige und Fürsten, sondern unsere Politiker - sie dürfen vieles, was wir normalen Bürger nicht dürfen. Und dann wundern sie sich über unsere Verdrossenheit.«

Der alte römische Grundsatz gilt keineswegs nur für Frankreich. Deutschlands Bürger machen genau die gleiche Erfahrung. Im Herbst 1992 zum Beispiel rufen Politiker aller Parteien wegen der schwierigen Wirtschaftlage zum »Maßhalten« auf. Es vergeht kaum ein Tag ohne Apell eines Ministers, auf Lohn- und Gehaltsforderungen zu verzichten, um den »Industriestandort Deutschland« nicht zu gefährden und die von der Rezession bedrohte Wirtschaft auf Trab zu halten. Aber als der Bundeskanzler in seinem Herbsturlaub im Fernsehen vollmundig einen Gehaltsverzicht seiner Minister um fünf Prozent ankündigt, um ein gutes Beispiel zu geben, erklären ihm die Minister nach seiner Rückkehr aus dem Urlaub, daß sie dazu nicht bereit sind - und die groß angekündigte Aktion entfällt.

Wenige Wochen später, als überall im Land Personaleinsparungen angekündigt werden, verlangt der Kanzler für sich selbst einen weiteren Staatssekretär; und er verzichtet nur murrend auf die Erfüllung dieses Wunsches, nachdem man ihm klar gemacht hat, daß dies angesichts der schon vorhandenen und zu einem erheblichen Teil als überflüssig angesehenen 62 Staatssekretäre bei der Bevölkerung auf Ärger und Unverständnis stoßen würde. Während man Arbeiter und Angestellte zum Lohnerhöhungsverzicht aufruft, fordert eine erhebliche Anzahl von Abgeordneten in Bund und Ländern für sich eine Erhöhung ihrer Diäten und Freibeträge. Und ein ehemaliger Hamburger Senator, der seit seinem 55. Lebensjahr - nach fünf Dienstjahren! - vom Land eine Pension von 13.000 Mark monatlich bezieht, lehnt deren Kürzung auf 10.000 Mark als »unzumutbar« ab. Quod licet jovi . . .

Den von Bert Brecht bissig kommentierten Unterschied zwischen »denen da oben« und »denen hier unten« erlebt der Bürger jeden Tag. Und das ärgert ihn.

Das gilt nicht nur für die Bezahlung. Bei einer öffentlichen Kundgebung in Berlin betont der Parteivorsitzende der FDP Otto Graf Lambsdorff die Notwendigkeit von Steuererhöhungen und ermahnt die Bürger zur Einsicht und Zahlungsdisziplin. Ein neben mir sitzender Handwerker knurrt daraufhin erbittert:

»Wenn ich die Steuer um 20.000 Mark bescheiße, hetzen sie mir die Steuerfahndung auf den Hals und bezeichnen mich als Betrüger - unsere Politiker, wie der Lambsdorff zum Beispiel, bescheißen den Staat um Millionen, bleiben aber fröhlich weiter Abgeordnete und Parteivorsitzende und reden sogar in der Regierung mit, bloß weil sie Politiker sind. Und da behaupten sie, vor dem Gesetz sind bei uns alle gleich!«

Meinen Einwand, Lambsdorff habe das Geld seinerzeit ja nicht für sich selbst hinterzogen sondern für seine Partei, kontert er wütend:

»Was wäre der denn ohne seine Partei? Vielleicht Versicherungsvertreter! Oder Bankier! Was die sind, sind sie doch nur durch ihre Partei. Und wenn sie der Geld zuschieben, tun sie das nicht für den Staat, sondern nur für sich selber!«

Es geht hier aber nicht nur um Geld. Viele Bürger haben darüber hinaus das Gefühl, Politiker und Beamte würden auf Grund ihrer Stellung und der damit verbundenen Macht von den Behörden bevorzugt, Fehler, die sie begehen, würden ihnen großzügig verziehen und häufig, meist in einer Koalition aller großen Parteien, möglichst rasch unter den Teppich gekehrt.

Es gibt ungezählte Beispiele dafür von der überhöhten Bezahlung des saarländischen Ministerpräsidenten Oskar Lafontaine bis zu den ständigen Versuchen des bayrischen Ministerpräsidenten Max Streibl, Presse und Rundfunk seines Landes unter Druck zu setzen, wenn sie ihn kritisieren, oder den vielfältigen Skandalen der thüringischen Landesregierung.

»Wenn ein Mechaniker oder ein Buchhalter nichts taugt, wird er von seiner Firma gefeuert - wenn ein Politiker nichts taugt, hieven ihn seine Kollegen auf einen hochdotierten Verwaltungsposten«, diese böse Bemerkung kann man an jeder Straßenecke hören.

Noch häufiger geschieht gar nichts, wenn einer von »denen da oben« einen Fehler begeht oder sich gar rechtswidrig verhält. Der »Fall« Wörner, der als Verteidigungsminister einen General zumindest grob fahrlässig verleumdete oder verleumden ließ, ist ein klassisches Beispiel dafür. Er wurde dafür vom Bundeskanzler, um ihn aus der Schußlinie zu nehmen, zum Generalsekretär der NATO hochgelobt. Und den verstorbenen Franz Joseph Strauß hinderte ein erwiesener Falscheid keineswegs daran, Minister zu werden.

Diese Verhaltensregel gilt unverändert bis heute. Das zeigen die weltweit bekannt gewordenen Ereignisse in Mecklenburg-Vorpommern im Herbst 1992. Da greifen Rechtsradikale in Rostock vier Nächte hintereinander ein Asylantenheim an und stecken es in Brand, während Dutzende von vietnamesischen Gastarbeitern und ein deutsches Fernsehteam in dem Haus hocken. Die Feuerwehr, die löschen will, kommt nicht an das Haus heran, weil die Angreifer sie daran hindern. Die wenige hundert Meter entfernte Polizeieinheit greift nicht ein, um die Feuerwehr zu schützen. Denn der ebenfalls in unmittelbarer Nähe des brennenden Hauses befindliche Landesinnenminister Lothar Kupfer gibt keinen Befehl dazu. Er läßt das Haus mit den Menschen darin vielmehr brennen.

Aber als wenige Wochen später 60 jüdische Franzosen gegen diese Vorkommnisse in der Stadt demonstrieren und dabei nicht etwa ein Haus anzünden, sondern nur ein vielleicht etwas unpassendes Plakat ans Rathaus heften, werden 49 von ihnen sofort festgenommen. Und abermals ein paar Wochen später werden unmittelbar vor Weihnachten die nur durch Glück dem Verbrennen entgangenen vietnamesischen Bewohner des angezündeten Hauses wegen Vertragsablaufes vom Innenminister zum Jahresende aus Deutschland ausgewiesen.

Aber Lothar Kupfer bleibt - zunächst jedenfalls - im Amt. Mit Billigung seines Ministerpräsidenten. Und mit voller Rückendeckung seiner Parteifreunde. Trotz seines menschenverachtenden Verhaltens und seiner erwiesenen Unfähigkeit. Er darf ungestraft Dinge tun, die ein normaler Bürger nicht tun dürfte, ohne dafür zur Rechenschaft gezogen zu werden.

▮ Das Stichwort für solche Vorkommnisse heißt »Vetternwirtschaft«. In der Dritten Welt, besonders in Afrika, ist diese Vetternwirtschaft regelrecht üblich. Und kaum jemand regt sich dort darüber auf. Denn sie gehört, wie schon der Name sagt, zum System der Großfamilie, die die Grundlage der dortigen sozialen Gesellschaftsstruktur ist.

Der Staat ist dort schwach, vor allem finanziell. Wenn ein Mensch in Not oder Schwierigkeiten gerät, hilft ihm daher nicht wie bei uns der Staat - der ist dazu gar nicht in der Lage - sondern die Großfamilie. Sie sorgt für Witwen, Waisen und Alte.

Um diese Fürsorgepflicht zu erfüllen, braucht die Großfamilie Mittel. Deshalb läßt ihr »Chef«, wenn er an Geldtöpfe oder an Macht gerät, möglichst viele Mitglieder seiner Familie daran teilhaben. Auf diese Weise wird die Familie für die Pflichten ausgestattet, die ihr obliegen. Und das erklärt die »Vetternwirtschaft« - und rechtfertigt sie, zumindest in gewissem Umfang.

Auf diesem System der Großfamilie beruht dort nämlich die soziale Gesellschaftsstruktur. Nicht nur in Afrika. Sondern auch im Nahen Osten. Daß in Saudiarabien, in Kuwait wie in den Scheichtümern und Emiraten der Arabischen Halbinsel die Herrscher ihre Länder wie Privatgüter führen und ihre Familienmitglieder mit einträglichen Posten betrauen, erscheint uns europäischen Demokraten oft anstößig. Denn bei uns trägt ja der Staat die Pflichten der sozialen Fürsorge. Aber in vielen Ländern der Dritten Welt hat dieses System, wenn auch in Maßen, durchaus seine Berechtigung.

Keine Berechtigung hat die so viel praktizierte Vetternwirtschaft dagegen in einer modernen Demokratie. Denn da sorgt ja der Staat für die Hilfsbedürftigen. Zumindest ist es seine Pflicht. Daß der ehemalige amerikanische Präsident George Bush seine Familienangehörigen bei ihren manchmal recht zweifelhaften Geschäften kraft seiner Position als Präsident absicherte und abdeckte, ist somit ein Auswuchs der »Vetternwirtschaft«, der, in den USA anders als in der Dritten Welt, überflüssig und unmoralisch ist. Denn den Vorteilen, die der Präsident seinen »Vettern« kraft seiner politischen Macht zuschusterte, standen keinerlei soziale Pflichten gegenüber.

Ähnliches hat Frankreich erlebt. Dort machte Präsident Mitterand seinen ältesten Sohn Jean Christophe zu seinem amtlichen Afrika-Berater. Der nutzte diese Position unbekümmert zu seinem eigenen Nutzen und zum Vorteil seiner Freunde. In Kamerun und Togo, in Zaire und Rwanda etwa erhielten die dort regierenden Diktatoren, die ihn hofierten, entgegen den offiziellen Richtlinien der französischen Politik großzügig finanzielle wie militärische Unterstützung aus Paris - dank der Fürsprache des Präsidentensohnes. Dafür machten französische Konzerne, deren Vorstandschefs mit Jean Christophe Mitterand befreundet waren, mit seiner Hilfe in Afrika ihre lukrativen Geschäfte.

Auch die Macht der Mafia in Italien stützte sich in erheblichem Maße auf die Vetternwirtschaft in der italienischen Obrigkeit. Ohne die Unterstützung einflußreicher Mitglieder in den Parteispitzen und in der Regierung wären ein paar hundert oder selbst ein paar tausend italienische Kriminelle niemals in der Lage gewesen, das ganze Land zu tyrannisieren. Dies war nur möglich, weil Mitglieder der Staatsverwaltung sie heimlich, zumindest durch schweigendes Wegsehen, unterstützten - natürlich gegen entsprechendes Entgelt.

Die Bevölkerung merkte das jedoch. Und deshalb wächst in Italien jetzt der Zorn. Aber nicht nur gegen die Mafia, die mordet. Sondern auch gegen die Regierenden, die Politiker und Beamten, die das dulden, die zwar ständig vom Wohl des Staates reden, aber hauptsächlich - wenn nicht sogar ausschließlich - ihren eigenen Profit und den ihrer Kumpane im Auge haben.

Zu denen gehören übrigens nicht nur die Parteifreunde. Die stehen zwar an erster Stelle. Aber auch die politischen Gegner gehören dazu. Das »Establishment« hält zusammen. Denn sie gehören ja alle zur »oberen Klasse«. Und wenn sie alle zusammenhalten, profitieren auch bei einem politischen Machtwechsel alle weiter. Das sieht man bei den Abstimmungen über Diätenerhöhungen. Dafür sind immer alle. Gemeinsam. So sehr sie auch sonst - öffentlich - miteinander streiten.

Die Zweiklassengesellschaft ist nicht neu. Sie ist keine Erfindung der Demokratie. Sie ist, im Gegenteil, uralt. Es gab sie im alten Griechenland wie im alten Rom, im Heiligen Römischen Reich Deutscher Nation wie im königlichen Frankreich und im kaiserlichen Deutschland. Und natürlich hat sie bei den Bürgern, also den Regierten, auch früher schon Ärger, Mißmut und Verdrossenheit ausgelöst.

So haben nicht zuletzt die Vorrechte der Oberklasse in Frankreich Ende des 18. Jahrhunderts zur Französischen Revolution geführt. Der König, die Königin und die zur »entourage«, zum Hofstaat wie zur Verwaltung des Staates Gehörenden verloren ihr Köpfe. Weil die zur »Unterklasse« Gehörenden es satt hatten, in der Gesellschaft ständig benachteiligt zu werden.

Deshalb gehört zu den großen Idealen dieser Revolution neben der Freiheit und der Brüderlichkeit vor allem die Gleichheit. Die Forderung nach einer Einklassengesellschaft, nach einer Gleichheit aller Bürger vor dem Gesetz, die als Prinzip ja auch in unserer heutigen Verfassung steht.

Aus der Beseitigung der Oberklasse in Frankreich erwuchs letztlich auch die deutsche Demokratie. Die Herrschaft nicht einer Klasse, sondern des Volkes, wie Artikel 20 Abs. 2 es ausdrücklich festlegt, und wie die Väter des Grundgesetzes es erträumten. Aber dagegen wird im Zuge der um sich greifenden Vetternwirtschaft immer häufiger verstoßen. Dies demonstriert zum Beispiel auch die Tatsache, daß über den Vertrag von Maastricht im Gegensatz etwa zu Dänemark, Irland und Frankreich die deutschen Bürger nicht abstimmen durften, sondern allein die Politiker entschieden.

Das ärgert die, die ausgeschlossen werden. Vielleicht macht es manche von ihnen auch einfach nur neidisch, wie nicht wenige Politiker es behaupten. Über die Gründe im einzelnen kann man streiten. Nicht aber über die Tatsache ihrer Verdrossenheit. Sie sind verdrossen gegenüber den Privilegierten der regierenden Klasse. Verdrossen aber auch gegenüber dem Staat, den die Privilegierten regieren und der sie privilegiert.

■ John ist 47 Jahre alt. Etwa 1,80 m groß, verheiratet, zwei Kinder. Von Beruf ursprünglich Rechtsanwalt. Dann in die Politik gegangen. Abgeordneter geworden. Keine große Karriere. Keine Aussicht auf einen Ministerposten. Aber ein gutes Einkommen. Und Verbindungen zur Industrie, was sich auszahlt. Nicht immer direkt in Geld. Aber in gelegentlichen lohnenden Nebentätigkeiten.

Alles lief zufriedenstellend. Bis die Sache mit dem Mädchen passierte. In einer Provinzstadt. John hatte dort bei einer Tagung referiert. Bei dem Empfang am Abend hatte sie ihn angesprochen. Sie gefiel ihm und er offenbar auch ihr. So waren sie in seinem Hotelzimmer gelandet. Und am Morgen, als sie ins Büro und er zu seiner Tagung mußte, hatte er nicht aufgepaßt. Er war zusammen mit ihr im Fahrstuhl heruntergefahren, beim Aussteigen waren sie fotografiert worden, und das Bild war in der örtlichen Zeitung erschienen. Drei Monate vor der Wahl.

Das hatte ihn seinen Job gekostet.

»Ihr Journalisten sagt immer, wir hätten es gut, wir kriegten viel Geld und hätten große Privilegien«, beklagt er sich resigniert, »aber dafür zahlen wir auch einen verdammt hohen Preis.«

Wenn ein normaler Bürger mit einem Mädchen ins Bett geht, mit dem er nicht verheiratet ist, interessiert das keinen Menschen, fügt er hinzu, aber wenn ein Politiker dabei erwischt wird, kann er einpacken. Er jedenfalls ist nicht wiedergewählt worden, weil sein Konkurrent das Thema mit Hilfe der Presse aufgegriffen und in der Öffentlichkeit hochgespielt hat. Vom Politiker wird Moral verlangt.

»Ich weiß, bei Euch in Europa ist das anders«, sagt er, als er mein ungläubiges Gesicht sieht, »aber die Amerikaner sind so. Uns steckt der alte Puritanismus noch ganz tief in den Knochen. Vor allem in der Provinz.«

Auf der anderen Seite sind manche Frauen für Politiker leichter ansprechbar, gibt er zu, weil diese in der Öffentlichkeit stehen und daher ein gewisses Flair haben. In Hotels und in Geschäften werden sie häufig besser behandelt. Sie machen Reisen, die sie nichts kosten, und genießen auch sonst manche Vergünstigungen.

»Aber es hat auch eine Menge Nachteile«, behauptet er, »vor allem im Privatleben. Das gibt's bei einem Politiker kaum noch. Er wird dauernd beobachtet und lebt wie in einem Glashaus. Und wenn er seinen Job verliert, hat er es verdammt schwer, einen neuen zu finden. Das merke ich jetzt.«

■ Das Gespräch im fernen Westen der USA liegt über fünf Jahre zurück. Aber die Situation dort hat sich kaum geändert. Das haben die Schwierigkeiten gezeigt, als Bill Clinton am

Anfang seiner Kanditatur für die amerikanische Präsidentschaft hatte, weil ihm ein Seitensprung nachgesagt wurde. Fast wäre er deshalb nicht aufgestellt worden.

Politiker leben auf dem Präsentierteller. In den USA noch mehr als in Europa. Aber auch hier. Das zeigen die Fälle des britischen Verteidigungsministers John Profumo und des Hamburger Bürgermeisters Nevermann, die über ihre »Affären« stolperten. Das zeigen die vielen Skandale der jüngsten Zeit, aber nicht nur in Griechenland, Österreich, Spanien und Italien, sondern neuerdings gerade auch in Deutschland, von Jürgen Möllemann bis zum »amigo« Streibl, von Franz Steinkühler bis zu Günter Krause.

Vielleicht ist die zuweilen zudringliche Neugier, mit der viele Bürger die Politiker beobachten, und die Schadenfreude bei der Aufdeckung von ihnen begangener Fehler eine Art Rache der Regierten für die Privilegien, die die Regierenden genießen. Wenn sie es schon besser haben, wenn sie schon besser bezahlt werden und Weisungen erteilen können, die das »gewöhnliche Volk« befolgen muß, dann sollen sie wenigstens gelegentlich Unbequemlichkeiten in Kauf nehmen müssen. Dann sollen sie sich wenigstens nicht einfach unbeobachtet gehen lassen können, wie der normale und machtlose Bürger das kann.

Bei einer Podiumsdiskussion der Hamburger »Neuen Gesellschaft« im Dezember 1992 über die rapide wachsende Zahl der Nichtwähler nicht nur in Deutschland, sondern auch in anderen Demokratien kommt auch dieses Thema zur Sprache. Eine ehemalige Funktionärin einer der großen deutschen Volksparteien weist zur Verteidigung der hart kritisierten Politiker auf ihre Beanspruchung hin.

»Das ist ein Ganztagsjob«, klagt sie, »da bleibt für Privatleben, für Familie und für Hobbies einfach keine Zeit. Deshalb habe ich auch aufgehört.«

Auf eine etwas boshafte Zwischenbemerkung aus dem Publikum, daß man davon aber kaum etwas sehe, da zum Beispiel das Parlamentsplenum bei Debatten auch über wichtige Themen häufig fast leer sei, erwidert sie kopfschüttelnd:

»Die eigentliche Arbeit wird ja auch nicht im Parlament

getan, da wird hauptsächlich für die Öffentlichkeit geredet; was wichtig ist, ist die Arbeit in den Ausschüssen, in den Parteigremien und den Fraktionen; aber die sieht der Bürger nicht.«

Die Worte lösen erneut Unmut im Publikum aus.

Warum die Politiker ihre löbliche Arbeit denn heimlich tun, hinter dem Rücken der Bürger, die sie schließlich gewählt haben, fragt einer der Zuhörer, und warum sie in ihren »Reden fürs Volk« immer von Dingen reden, um die es in Wahrheit gar nicht gehe wie Menschenrechte und einem »Europa für die Bürger«, während sie in Wahrheit nur an ihre eigenen Vorteile denken.

»Ich habe den Eindruck, in der Öffentlichkeit sagen die nur Sachen, von denen sie glauben, die Bürger wollen sie hören, aber nicht das, worum es wirklich geht«, setzt er aufgebracht hinzu.

Beispiele dafür erleben die Bürger in der Tat täglich. Im Hinterland von Hamburg etwa beunruhigt eine Müllverbrennungsanlage bei Stapelfeld seit Jahren die Menschen. Untersuchungen hatten nämlich ergeben, daß die Böden hier besonders hoch mit Dioxinen und Furanen belastet sind. Und das ist gesundheitsgefährdend, besonders für stillende Mütter und ihre Babies.

Als bekannt wurde, daß die Anlage trotzdem erweitert werden sollte, bildete sich eine Bürgerinitiative, um das zu verhindern. Daraufhin erschien ein Staatssekretär aus dem Bundesinnenministerium und erklärte dazu:

»Die Technik ist erprobt, ein langwieriges öffentliches Genehmigungsverfahren mit Bürgerbeteiligung ist daher überflüssig.« Von den durch die Bodenproben festgestellten Giften im Boden sprach er dagegen nicht.

Hier wird ein weiterer Grund für den Mißmut, oder richtiger wohl das Mißtrauen vieler Bürger gegenüber den Politikern und der gesamten Obrigkeit erkennbar. Sie haben den Eindruck, man beantwortet ihre Fragen gar nicht; sie werden schlicht belogen, die Politiker sagen nur Dinge, von denen sie meinen, die Bürger möchten sie hören, damit sie sie später wählen.

Natürlich behaupten die derart Beschuldigten selbst,

ihnen ginge es keineswegs um persönliche Vorteile, sondern nur um das Wohl des Staates, und die Macht benötigen sie nur, um die notwendigen Maßnahmen, deren Richtigkeit sie allein kennen, durchzusetzen. Dabei geht es allerdings meist nur um das Rezept, oder wie es in der Politik heißt, um die Ideologie, also um das Programm der jeweiligen Partei.

Staatswohl ist in Wahrheit nur das Etikett, das die Regierenden ihrem Vorgehen aufkleben. Das Prinzip, nach dem sie wirklich handeln, ist allzu oft die Selbstbedienung. Und der Widerspruch zwischen den beiden, der immer deutlicher wird, je ungenierter die Regierenden danach handeln, verärgert die Regierten.

Daß hierbei die Medien häufig versagen, verschlimmert noch die Situation. Unter dem Druck einer von ihnen selbst ins Leben gerufenen Neuigkeitssucht des Publikums verwenden sie immer mehr Zeit für die hektische Suche nach »News«, nach Neuigkeiten. Damit verbleibt immer weniger Zeit für Nachforschung nach Hintergründen, Kritik und Urteilsbildung.

In vielen Ländern der Dritten Welt wirkt sich das besonders übel aus. In den Diktaturen und den pseudodemokratischen Staaten Afrikas, Asiens und Lateinamerikas wird der dort ohnehin dünnere Nachrichtenstrom zwar von der Obrigkeit rigoros gesteuert, so daß theoretisch durchaus mehr Zeit für Kommentierung und Kritik bliebe. Aber diese fällt, wenn es milde zugeht, unter die Zensur, in krasseren Fällen droht Gefängnis oder sogar Lebensverlust für ihre Äußerung. Die Türkei ist ein Beispiel dafür. So wird Kritik nur selten laut, und die Regierenden können sich fast ungestört selbst bedienen.

Verhältnismäßig offen wird in den angelsächsischen Ländern kommentiert und kritisiert. Der Fall Profumo in Großbritannien und Watergate in den USA sind Beispiele dafür. In Deutschland dagegen wirkt sich negativ die hier weit verbreitete Obrigkeitshörigkeit aus. Wer deutsche Journalisten in Interviews mit Ministern oder gar dem Bundeskanzler beobachtet, der gewinnt häufig den Eindruck, der Interviewer würde den Interviewten am liebsten voller Ehrerbietung fragen, welche Frage er denn gern als nächste gestellt haben möchte. Und so erfährt der Bürger meist nicht das, was er gern erfahren möchte, sondern nur das, was der Minister ihn wissen lassen will.

Ein charakteristisches Beispiel dafür waren die Äußerungen der Bundesregierung zum Thema Rechtsradikalismus im Herbst 1992. Als damals Überfälle und Brandanschläge immer mehr zunahmen, so daß die Regierung zum Handeln gezwungen wurde, erschien der Bundesinnenminister fast täglich auf dem Bildschirm und teilte den ihn befragenden Journalisten mit, was sein Ministerium plane und was die Regierung zu tun beabsichtige. Aber nicht einer seiner Gesprächspartner fragte ihn, was er und die Regierung eigentlich in den vergangenen zwei Jahren getan hätten, als die Gefahr immer deutlicher erkennbar wurde, für deren Bekämpfung sie schließlich verantwortlich gewesen wären. Und da er danach nicht gefragt wurde, brauchte er darauf auch keine Antwort zu geben.

Die schützende Anonymität

Der Fahrer flucht. Trotz aller Vorsicht ist das rechte Vorderrad des schwer beladenen Lastwagens wieder in ein Schlagloch geraten. Und der Wagen ist über zehn Jahre alt. Dabei fährt er schon nur noch 40 Kilometer in der Stunde. Aber die Straße ist mit Schlaglöchern übersät.

Gut 200 Kilometer ist sie lang. Die Deutschen haben sie gebaut. Im Rahmen der Entwicklungshilfe. 195 Millionen Mark hat sie gekostet. Als sie vor zehn Jahren dem Verkehr übergeben wurde, konnte man mit 100 Kilometern pro Stunde über den glatten Asphalt rollen. Aber das ist lange her.

195 Millionen Mark sind eine Menge Geld für ein armes Land wie den Sudan. Nicht wenige haben deshalb damals gesagt, man könne das Geld besser verwenden als für den Bau einer Asphaltstraße von Nyala nach Salingei im äußersten Westen des afrikanischen Landes. Nyala mit seinen unzähligen einstöckigen Lehmhäusern, in denen über 80.000 Menschen wohnen, ist zwar Endstation der von den englischen Kolonialherren erbauten Eisenbahn. Aber der Zug nach Khartum und Port Sudan fährt nur zweimal in der Woche, niemand weiß, wie lange er angesichts der verrottenden Gleise und Signalanlagen für die Fahrt braucht. Und ein paar Dutzend Kilometer hinter Salingei liegt die Grenze, und dahinter beginnt die große afrikanische Wüste.

Wenn man fragt, wer eigentlich veranlaßt hat, daß so viel Geld für den Bau einer Asphaltstraße ausgegeben wurde, die von einer verrottenden Eisenbahnstation in einer Kleinstadt an den Rand der Wüste führt, erhält man kaum eine einleuchtende Antwort. Die einen meinen, es sei der damalige Provinzgouverneur gewesen, der damit einigen Großgrundbesitzern einen Gefallen habe tun wollen. Andere machen die Regierung in Khartum dafür verantwortlich, einen Minister oder irgendwelche Beamte, die vermutlich Geld dafür erhalten hätten. Wieder andere argwöhnen, die deutsche Baufirma habe sich hinter irgendwelche amtlichen Stellen in Bonn oder Khartum gesteckt. Aber genaues weiß niemand.

So etwas ist nicht ungewöhnlich. Wenn öffentliche Aufträge vergeben werden, ist natürlich immer irgendein Amt, eine Behörde, ein Ministerium dafür zuständig, ob es nun um Projekte im Inland oder Ausland geht. Und wenn die Arbeit erfolgreich und ohne allzu hohe Zusatzkosten ausgeführt wurde - was heute keineswegs selbstverständlich ist - meldet sich immer sehr bald der zuständige Amtsinhaber, um die fällige Anerkennung dafür einzukassieren, indem er eine Rede hält, anschließend ein Band durchschneidet oder auf irgend eine andere Weise das Werk »der Öffentlichkeit übergibt«, wie es so schön heißt.

Sollte indessen bekannt werden, daß die Anlage doch nicht so nützlich ist wie ursprünglich angepriesen, oder daß sie sehr, sehr viel mehr Geld gekostet hat, als vorgesehen war, dann ist plötzlich niemand mehr dafür »zuständig« gewesen. Dann übernimmt niemand mehr die Verantwortung dafür. Dann war es ein »Amt«, oder eine »Behörde«. Aber kein Mensch. Vor allem kein Politiker oder Beamter. Sondern nur ein Stück anonyme Bürokratie. Wie bei der Straße von Nyala nach Salingei im äußersten Westen des Sudan.

Es gibt viele solche Straße in der Welt. Nicht nur in Afrika. Sondern auch in Europa. Und nicht nur Straßen. Sondern auch Brücken, Flugplätze oder Staudämme, Kanäle, die keine Straßen verbinden. Flugplätze, auf denen kein Flugzeug landet. Kanäle, auf denen keine Schiffe fahren. Bauten, die eine Menge Geld gekostet haben, viel mehr Geld, als veranschlagt oder vereinbart war, und die außerdem auch noch niemand braucht. Die niemals jemand wirklich gebraucht hat.

Einen solchen Kanal haben wir übrigens in Deutschland vor gar nicht langer Zeit feierlich für den Schiffsverkehr freigegeben. Er verbindet den Rhein mit der Donau. Auch Brücken, über die niemand geht oder fährt, über die niemand gehen oder fahren kann, weil die Straßen, die sie verbinden sollten, niemals gebaut wurden, gibt es bei uns eine ganze Menge.

Andere Anlagen wurden so schlecht gebaut, daß sie niemals ihren Betrieb aufnehmen konnten. Dazu gehören Zementfabriken und Hafenanlagen in Afrika, Kanäle und Staudämme in Südasien, ein Kernkraftwerk in Brasilien.

Wieder andere kosten plötzlich das Anderthalbfache oder sogar das Doppelte von dem, was ursprünglich vereinbart war. Oder Schäden werden sichtbar, deren Beseitigung riesige Summen kosten wie bei dem Elbe-Seiten-Kanal, den die Anlieger deswegen »Elbe-Pleiten-Kanal« tauften.

Aber nie ist jemand dafür verantwortlich. Immer trägt den Schaden der Steuerzahler, also der Bürger. Und das ärgert den.

■ Deutscher Alltag: Da werden Medikamente mit nachgewiesenen gesundheitsgefährdenden Nebenwirkungen bundesweit ungehindert verkauft, und die für ihre Prüfung und Kontrolle zuständige Behörde mit den dafür bezahlten Beamten und Angestellten schreitet dagegen nicht ein. Da verschwinden Uran-Brennstäbe, giftiger Sondermüll wird irgendwo unerlaubt verscharrt, Schadenersatzansprüche entstehen, die vom Steuerzahler beglichen werden müssen, aber niemand haftet dafür. Da warnen Sachverständige vor den Folgen des Waldsterbens und der Vergrößerung des Ozonloches und fordern Maßnahmen dagegen, aber keiner unserer gewählten Politiker und keiner der ihnen unterstellten und wohlbezahlten Beamten tut wirklich energisch etwas. Und keiner wird deshalb zur Rechenschaft gezogen.

Es gibt Ausnahmen. Erhard Eppler, Joschka Fischer und auch Umweltminister Klaus Töpfer gehören dazu. Sie versuchen, oft durchaus energisch, etwas zu tun. Aber immer wieder werden sie von ihren Referenten oder von ihren eigenen Parteifreunden mit dem Hinweis auf sogenannte Sachzwänge oder auf angebliche Interessen der Wirtschaft, hinter denen häufig nur bezahlte Lobbyisten stecken, gebremst oder unterlaufen. Und die Masse der Verantwortlichen, Politiker wie Beamte, unternimmt erst gar nichts, ohne daß jemand sie deswegen zur Rechenschaft zieht.

Denn zuständig ist ja nicht er, sondern ein Amt. Eine Behörde. Ein Ministerium. Und die kann man nicht greifen. Ein abschirmender Apparat einer anonymen Verwaltung schützt heute die Regierenden bei uns. Und dieser Schutz verleitet sie nicht nur zur Nachlässigkeit, sondern auch immer häufiger zu brutalem Eigennutz. Denn sie wissen ja: Ihnen passiert nichts.

Das frustriert den Bürger. Denn er kann dagegen nichts tun. Die Vertreter aller sogenannten staatstragenden Parteien gehen ja in der gleichen Art und Weise mit den Bürgern um. Daher hat der Wähler keine Wahl. Er trifft ja bei all ihren Politikern auf die gleiche Denkweise und das im Grunde gleiche Verhalten. Die Abwahl des einen und die Wahl eines anderen an seiner Stelle ändern also nichts. Und die Beamten sind nicht absetzbar.

Natürlich gibt es in Deutschland wie in anderen Demokratien Institutionen, die der Bürokratie auf die Finger schauen, ihre Ausgaben kontrollieren. Das unterscheidet ja, neben anderen Dingen, Demokratien von Diktaturen.

In Deutschland sind Rechnungshöfe zuständig für solche Kontrollen. Sie prüfen die Ausgaben der Bundes- und Landesbehörden wie der ihnen unterstellten Behörden, Ämter und sonstigen Institutionen. Sie rügen erkennbare Fälle von Verschwendung, monieren überflüssige Ausgaben wie unangemessene Kosten, weisen auf ihnen merkwürdig erscheinende Umstände bei Bestellungen und Preisen hin. Und sie veröffentlichen ihre Erkenntnisse.

Die Presse greift solche Veröffentlichungen gerne auf. Und sie erweist der Demokratie damit einen Dienst. Denn solche Veröffentlichungen sind nicht etwa, wie die Beschuldigten das gelegentlich behaupten, Fälle von Nestbeschmutzung. Sondern sie sind notwendige Verteidigungsmaßnahmen der Bürger gegen bürokratische Willkür.

Erst die Veröffentlichung solcher Beanstandungen der Rechnungshöfe an den Ausgaben der Verwaltung sichert die Bürger gegen Verschwendung, Kungelei und möglicherweise auch Bestechlichkeit innerhalb der Obrigkeit ab.

Allerdings nur in begrenztem Maße. Denn Prüfung, Kritik und Veröffentlichung derselben reichen, wie ich meine, nicht aus. Politiker wie Beamte sitzen das nämlich, wenn sie ein genügend dickes Fell haben, ohne weiteres aus. In unserer schnellebigen Zeit werden Vorwürfe rasch vergessen. Wer erinnert sich heute schon noch der Anklagen und sogar Verurteilungen in den Parteispendenskandalen?

Ich habe manchmal den Eindruck, wenn ein Rechnungshof seine oft durchaus harte Kritik an Amtsstellen veröffentlicht, zucken einige der Kritisierten höchstens die Achseln. Außer der vermutlich sehr bald vergessenen unangenehmen Publizität haben sie kaum etwas zu befürchten. Abgebrühte könnten sich sogar, wenn sie von ihren Verfehlungen profitiert haben, befriedigt in ihrem Sessel zurücklehnen und sagen: »Wenn das alles war, hat sich's gelohnt«. Und wahrscheinlich tun das manche auch.

Was hier fehlt, ist ein Anklagerecht. Ein Recht, oder besser noch, eine Pflicht der Prüfenden, bei Verdacht auf Verschulden, und zwar nicht nur von Vorsatz, sondern auch von grober Fahrlässigkeit, im Falle von Verschwendung oder gar Hinterziehung öffentlicher Mittel Anklage zu erheben (Ein klassisches Beispiel dafür sind die grotesken Vorfälle bei der Modernisierung des Bundestages in Bonn).

Wenn beim Bau eines Kanals, einer Brücke, einer Straße oder eines Verwaltungsgebäudes der Auftraggeber, also die zuständige Behörde, ein Angebot ohne sorgfältige Überprüfung annimmt, weil der Anbieter ihm vielleicht politisch nahe steht oder weil jemand möglicherweise sogar Geld oder andere Vorteile dafür erhalten hat, dann sollte der Rechnungshof nicht nur berechtigt, sondern verpflichtet sein, ein Verfahren gegen den Betreffenden einzuleiten. Darüber hinaus sollte bei durch Verschwendung oder Unachtsamkeit angerichteten Schäden nachgeprüft werden, ob und in welchem Ausmaß die Anordnenden dafür finanziell für Schadensersatz in Anspruch genommen werden können. Und das sollte auch für größere Kostenüberschreitungen gelten.

»Wem gehören eigentlich die Kaffeeplantagen hier?«
»Der Familie Somoza.«
»Und die Baumwollfelder?«
»Der Familie Somoza.«
»Und wem gehören die Viehherden und die Zuckerfabrik?«
»Der Familie Somoza.«

»Und die Reederei und die Fluglinie?«
»Der Familie Somoza.«
»Und wer sind die Somozas?«
»Der Vater war Präsident von 1937 bis zu seinem Tode 1956. Seitdem ist sein Sohn Präsident.«

Dieses Gespräch habe ich vor über 20 Jahren geführt. In Nicaragua. Damals regierten dort noch die Somozas.

In Lateinamerika sind die Bürger an den »Caudillismo«, an die unumschränkte Herrschaft eines Führers gewöhnt. Der Caudillo, also der Präsident, regiert. Er hat die Macht. Und er übt sie aus. Kein Rechnungshof kontrolliert ihn.

Daher brauchte Präsident Somoza auch keine Schicht anonymer Beamter und Bürokraten, hinter der er sich verstecken konnte. Sein Bruder war Oberbefehlshaber der Armee und der Partei. Seiner Frau gehörte die wichtigste Bank des Landes. Verwandte und Freunde kontrollierten die Verwaltung, die Justiz, die Steuereinnahmen und die Devisenzuteilung. Jeder kannte sie. Nichts war anonym. Denn das war so üblich auf diesem Kontinent.

Einige Jahre nach dem Gespräch kam es dann allerdings zu einem Aufstand. Der Präsident wurde gestürzt und mußte aus Nicaragua flüchten. Auch das gehört zu diesem System. Wer die Macht erobert hat, kann sie auch wieder verlieren. Durch einen Aufstand, der ihn vielleicht sogar das kostet, was er zusammengerafft hatte. Denn er war verantwortlich für Machtmißbrauch, Diebstahl und Korruption gewesen. Und da jeder ihn kannte, mußte er nun auch dafür bezahlen.

Bei uns, in den modernen Demokratien Westeuropas und damit auch in Deutschland, sind gewaltsame Umsturzmaßnahmen nicht nötig. Denn hier kann der Bürger die Inhaber, oder richtiger wohl die Verwalter der Macht, die er in ihre Position gewählt hat, auch wieder abwählen. Es bedarf daher keines Aufstandes. Friedlicher Aufstieg wie Abstieg sind geregelt.

Allerdings gilt dies nur für Politiker, nicht für Beamte. Beamte sind nicht abwählbar. Und Politiker auch nur im Zuge von Wahlen, also in der Regel höchstens alle vier Jahre. Zwischen den Wahlen kann der Bürger sie zur Aufgabe ihrer Macht, also zum Rücktritt, wenn keine Wahl ansteht, im allgemeinen nur dann zwingen, wenn er ihnen gravierende Fehler nachweisen kann. Wenn also, um beim Beispiel der Straße zu bleiben, diese völlig überflüssig ist oder das Doppelte der veranschlagten Summe gekostet hat. Und auch dann nur, wenn ihnen die persönliche Verantwortung für den Fehler nachzuweisen ist. Und davor schützt sie im allgemeinen die anonyme Bürokratie.

In Frankreich hat der dortige Rechnungshof das Recht, einen der Geldverschwendung oder gar heimlicher Selbstbereicherung verdächtigen Beamten oder Politiker strafrechtlich verfolgen zu lassen. Der Prüfer wird zum öffentlichen Ankläger. Und über die erhobenen Vorwürfe entscheidet ein Gericht.

In den USA und Großbritannien erwartet und verlangt man von Politikern, daß sie sich vor der Amtsübernahme von Firmen trennen, die ihnen gehören, um zu verhindern, daß sie kraft ihrer politischen Macht Aufträge an solche Firmen leiten und sich dadurch bereichern. Und die Aufsicht ist hier sehr streng. Ein Minister, der sein Unternehmen seiner Frau, seinem Sohn oder sonst einem engen Familienmitglied übereignet, und diesem dann durch eine ihm unterstellte Behörde gewinnbringende Aufträge erteilen läßt, dessen Karriere wäre sehr rasch zu Ende, wenn das an den Tag käme.

In Deutschland ist man da weniger streng. Möglicherweise wirkt hier die Erinnerung an die Prinzipien im alten Preussen nach, wo man bedenkenlos auf die unbestechliche Moral der das Land Verwaltenden vertrauen konnte.

Die Zeiten haben sich jedoch geändert. Heute kommt es gar nicht so selten vor, daß etwa Minister für die Zeit ihrer Amtstätigkeit ihr Unternehmen einer nahen Verwandten übereignen, und daß die ihnen unterstellte Verwaltung dann dieser Firma ohne jedes Bedenken lukrative Aufträge erteilt. Die Aufträge der Bundespost an die Batteriefirma »Sonnenschein«, die der Frau des damals amtierenden Postminister Schwarz-Schilling gehörte, macht das deutlich. Oder der Politiker behält sogar seine Firma oder seinen Anteil daran, verzichtet nur für die Zeit seiner Amtstätigkeit auf Vorstandsposten, Gehalt und Dividende und hat dann keine Bedenken, das ihm nach wie vor gehörende Unternehmen mit Aufträgen aus seinem Ressort zu versorgen. So geschehen drei Jahre nach der Wende in einem der neuen Bundesländer.

Und kaum ein Politiker oder Beamter findet etwas dabei. Den Bürger macht es allerdings schon mißtrauisch. Er hegt zumindest den Verdacht, hier nutze einer der Regierenden seine Stellung und den damit verbundenen Einfluß aus, um sich zu bereichern. Und das mißfällt ihm.

Die Verdächtigen betonen zwar stets ihre Ehrlichkeit. Sie weisen vielleicht zur Rechtfertigung darauf hin, daß ihr Unternehmen den Staat besser und billiger beliefere als andere Firmen. Das mag sogar zutreffen. Aber wie viel einfacher wäre es, dem angelsächsischen Vorbild zu folgen. Dann könnte ein Verdacht und die daraus resultierende Verdrossenheit gegen solche Staatsdiener gar nicht erst entstehen.

■ Der Grund der Bürgerverdrossenheit ist nicht unbedingt, zumindest nicht in allen Fällen, der konkrete Verdacht einer Unehrlichkeit oder einer unzulässigen Vorteilsnahme eines Politikers. Sondern der Grund ist häufig lediglich die Grauzone der Anonymität ihrer Ämter, die viele Politiker und auch manche der hohen Beamten umgibt. Verschleierung, ob nun beabsichtigt oder nicht, macht die Verschleierten automatisch verdächtig. Es sieht zumindest so aus, als hätten sie etwas zu verbergen. Und das schafft Mißtrauen.

Das Mißtrauen, das aufgrund des verbergenden Anonymitätsschleiers entsteht, unterstellt dem Verdächtigen nicht unbedingt finanzielle Vorteile, die er sich zueignen könnte. Bloße Macht reicht aus. Zwar hat in unserer Demokratie der Bürger die Möglichkeit, durch seine Stimmabgabe bei der Wahl zu entscheiden, wem die Macht im Lande zufällt. Aber das gilt nur für die Partei. Nicht für die herrschenden Personen. Ob CDU oder SPD in Deutschland regieren, entscheidet der Wähler mit seiner Stimme. Aber welcher Abgeordnete ihn im Parlament vertritt, darauf hat er praktisch kaum Einfluß. Das entscheidet ein Gremium der Partei.

Das ist nicht überall so. In der englischen Demokratie

etwa wird der Unterhauskandidat nicht von der Londoner Parteizentrale ausgewählt und dann wie bei uns den Bürgern des Wahlkreises präsentiert. Dort treffen die Wähler im Wahlkreis die Entscheidung.

Ihnen muß sich der Kandidat präsentieren. Sie allein wählen ihn aus. Dabei kommt es denn auch immer wieder vor, daß ein der Parteizentrale nicht unbedingt genehmer Politiker im Wahlkreis zum Kandidaten gekürt wird. Es gibt sogar Fälle, in denen die Bürger einen der Zentrale durchaus mißliebigen gegen deren Willen zum Kandidaten aufstellen und dann auch wählen.

Das hat Vorteile. Auf diese Weise ist der Abgeordnete nämlich gezwungen, sich persönlich um seine Wähler, also die Bürger seines Bezirks zu kümmern und auf sie zu hören. Er kann sich nicht wie bei uns hinter einer Funktionärsgruppe seiner Partei verstecken. Daher hat der Bürger dort, anders als bei uns, auch weniger Grund zum Mißtrauen und daraus folgend zur Verdrossenheit.

Was für den Abgeordneten gilt, gilt auch für andere Vertreter der Obrigkeit. Ob es sich um »das Kreisbauamt« oder »die Landeszentralverwaltung« handelt, ob »das Finanzamt« oder »die Bundesfinanzverwaltung« eine dem Bürger mißfallende oder unverständliche Anordnung trifft oder Entscheidung fällt, der Betroffene hat kaum noch die Möglichkeit, den oder die für sie Verantwortlichen zur Rede zu stellen oder auch nur zu befragen. Wenn er sich über eine Vorschrift beschwert, erhält er nur allzu häufig zur Antwort: »Das haben die oben so entschieden«. Und da er nicht erfährt, wer »die oben« sind, löst das vielfach bei ihm das Gefühl aus, mißachtet, oder wie es im Volksmund heißt, »über den Tisch gezogen« zu werden.

Es mag durchaus sein, daß der direkte, persönliche Kontakt zwischen dem Verantwortlichen und den Betroffenen in einer modernen Massengesellschaft nur noch sehr schwer herzustellen ist. Jedenfalls behaupten das viele Verwaltungsexperten. Und für die oberen Instanzen trifft das vermutlich auch zu. Schließlich kann nicht jeder einzelne Bürger das Recht für sich fordern, einen für eine Anordnung verantwortlichen Ministerialdirektor in Bonn persönlich deswegen zur Rede zu stellen. Sonst käme dieser möglicherweise nie zum Arbeiten.

Aber für die unteren Ebenen bis mindestens hinauf zur Kreisverwaltung gilt das sicherlich nicht. Das zeigen zum Beispiel die Erfolge der in Schleswig-Holstein eingeführten Gemeindereform, die den Bürgern die Möglichkeit eröffnet, an Gemeinderatssitzungen teilzunehmen und dort auch Fragen zu stellen. Das zeigen auch die guten Auswirkungen der Berufung von Bürgermeistern nicht durch Parteigremien oder vorgesetzte Behörden, sondern durch die Bürger im Südwesten Deutschlands.

Kenntnis, Indentifikation und damit offene Übernahme der Verantwortung durch den Amtsträger schafft auch bei Ablehnung der von ihm angeordneten Maßnahmen Vertrauen. Anonymität und Abschottung der Verantwortungsträger durch anonyme Gremien dagegen löst selbst bei Zustimmung zu den von ihnen angeordneten Maßnahmen fast zwangsläufig Mißtrauen aus.

Die Fernsehdemokratie

»Was hältst Du denn von dem Karl Kruse[*]?«

»Kruse? Zum Minister?«

»Warum denn nicht? Seine Vorschläge für die Gemeindereform waren doch ganz vernünftig?«

»Schön, die waren sogar gut und das mit dem Kommunalwahlrecht?«

»War auch gut, will ich gar nicht bestreiten, aber der kommt nicht an, Gert ...«

»Was heißt das: Kommt nicht an ...«

»Na im Fernsehen. Denk doch mal an die Debatte vor drei Wochen!«

»Schön, da war er nicht gut ...«

»Und in der Talkshow im Herbst ...«

»Da hat er auch nicht grade geglänzt, geb' ich auch zu. Aber im Vorstand und in den Diskussionen ...«

»Mann, Fernsehen ist wichtig!«

»Bei 'nem Landesminister? Du spinnst!«

»Auch bei dem, glaub mir! Fernsehen ist in der Politik heute entscheidend. Wer im Fernsehen nicht ankommt, den kannst Du gleich vergessen!«

Das Gespräch liegt etwa ein Jahr zurück. Ich habe es zufällig gehört. Im Landeszentralbüro einer Partei. Ich wartete auf einen Termin, die Tür zu einem der Zimmer stand offen, und dort unterhielten sich zwei Männer. Vermutlich Funktionäre. Aber es können auch einfache Parteimitglieder gewesen sein.

Es ging um die Benennung eines Kandidaten für einen Ministerposten. Um welches Ministerium es sich handelte, weiß ich nicht. Aber das ist auch nicht wichtig. Wichtig sind, für mich jedenfalls, die Kriterien der beiden Männer, oder richtiger des einen, der in der Debatte dann obsiegte, für die Auswahl des nach seiner Ansicht am besten für den Vorschlag Geeigneten. Und das war der Eindruck, den der bei Fernsehauftritten auf die Zuschauer machte.

[*] Name geändert

Welche Ansichten er vertrat, was er konnte, was er bisher geleistet und welche Erfolge er aufzuweisen hatte, das alles war nicht wichtig. Wichtig war seine »Fernsehpersönlichkeit«, wie es im Jargon der Politfunktionäre heute heißt. Die war entscheidend. Und das gilt nicht nur für den Mann, den ich hier Karl Kruse nenne. Sondern das gilt heute für fast jeden, der in der Politik Karriere macht oder machen will.

▪ Im Juni 1992 fand in Rio de Janeiro ein »Weltgipfel« statt. Über 100 Staaten waren vertreten. Viele von ihnen nicht nur durch die zuständigen Minister, sondern durch ihre Präsidenten oder Regierungschefs. Präsident Bush war da. Präsident Mitterand erschien. Und der britische Premierminister Major. Und Bundeskanzler Kohl – mit einem Scheck über 170 Millionen Mark für die Erhaltung des brasilianischen Regenwaldes in der Tasche.

Denn es ging schließlich um das Schicksal unserer Welt. Um die Erhaltung der Erde, auf der wir leben. Um die Umweltgefahr. Das Ozonloch. Das Waldsterben, die Regenwälder, die zunehmende Ausdehnung der Wüsten. Um die Luftverschmutzung und die Wasserverseuchung. Und, und, und . . .

Aber das war nicht der Grund für das Erscheinen der vielen prominenten Politiker und hohen Beamten. Das war der Anlaß. Der Grund war das riesige Aufgebot von Journalisten, Reportern und Fotografen aus aller Herren Länder. Der Grund war vor allem das Fernsehen, schließlich waren Fernsehanstalten aller fünf Kontinente vertreten. Und da wollte niemand fehlen. Denn auf das Erscheinen im Fernsehen kommt es an.

Dem entsprach denn auch der Verlauf des 100 Millionen Mark teuren »Öko-Weltgipfels«.Wer an politischer Prominenz da war, wurde gezeigt. Zumindest im Fernsehen seines eigenen Landes. Also Präsident Bush in den USA. Präsident Mitterand in Frankreich. Premierminister Major in Großbritannien. Und Helmut Kohl in Deutschland.

Fast immer mit »wichtigen« Aussagen. Darauf legten vor allem die gezeigten Prominenten Wert; schließlich sollten die Bürger sie bei der nächsten Wahl wiederwählen. Und bei der

Wahlentscheidung der Bürger spielt das Fernsehen nach Ansicht der Experten in fast allen Ländern heute eine entscheidende Rolle.

Das eigentliche Anliegen der Konferenz, die Rettung der Erde und die Ausrottung der Armut, wie die Veranstalter es stolz formuliert hatten, geriet dabei etwas in den Hintergrund. Zwar sprachen alle Teilnehmer, zumindest die prominenten, sowohl bei ihren offiziellen Reden wie bei ihren Fernsehauftritten ununterbrochen von dem Ziel, allen »Erdbewohnern« ein »menschenwürdiges Dasein im Einklang mit der Natur« zu ermöglichen – das zu erreichen, hatte sich die Konferenz schließlich zum Ziel gesetzt. Nur wurde das Ziel nicht erreicht. Man kam ihm sogar während der zweiwöchigen Tagungsdauer kaum wesentlich näher.

Dies lassen die veröffentlichten Dokumente der Konferenz ganz unzweifelhaft erkennen. Ihr eingehendes Studium dürfte allerdings auch einem fleißigen Studenten nur schwer möglich sein. Denn insgesamt wurden in den zwei Wochen nicht weniger als 24 Millionen Seiten Papier bedruckt! Kluge Politiker gingen denn auch schnell dazu über, an Stelle konkreter Erfolge den »Geist von Rio« zu beschwören. Doch auch der löste sich sehr bald in die notorisch heiße brasilianische Luft auf.

So hatten sich die Teilnehmer der Konferenz einmütig dazu verpflichtet, alle Informationen auf dem Gebiet der Kernenergie »allgemein zugänglich« zu machen. Doch schon ein halbes Jahr später wurde nur rein zufällig, auf Grund einer Indiskretion eines Angestellten bekannt, daß am 9. Dezember 1992 im südafrikanischen Kernkraftwerk Pelindaba bei einem Unfall kiloweise Uran in die Umwelt entwichen war. Die südafrikanische Regierung hatte den Vorfall, entgegen dem Beschluß von Rio, geheim gehalten. Eine Geheimhaltungsklausel im südafrikanischen Atomenergiegesetz erlaubt ihr das.

Alle Teilnehmer der Konferenz hatten sich ferner feierlich dazu verpflichtet, die Meere in Zukunft vor der Einleitung von Giftstoffen zu bewahren. Ein kurz nach Ende der Konferenz getroffenes neues Abkommen zum »Schutz« der Nordsee gestattet Frankreich und Großbritannien jedoch ausdrücklich, weiterhin radioaktiven Abfall ins Meer zu kippen.

Die Weltbank mußte in Rio zugeben, daß über ein Drittel aller von der Bank geförderten Großprojekte des Jahres 1991 sich als Fehlschläge erwiesen hatten. Trotzdem fördert die Bank auch nach dem Gipfel das heftig umstrittene und von den meisten Fachleuten erbittert kritisierte Großprojekt des Staudamms von Narmada unbeirrt weiter.

Es gibt ungezählte Beweise für die sachliche Ergebnislosigkeit des teuren Prominentengipfels von Rio. So wird in den USA trotz der in Rio so feierlich bekräftigten Bedeutung des Umweltschutzes die dafür zuständige Behörde nicht, wie allgemein erhofft, in ein Ministerium verwandelt, sondern bleibt eine weitgehend einflußlose bloße Agentur. Und die bereits vor Jahrzehnten einmütig beschlossene Erhöhung der öffentlichen Entwicklungshilfe in den Industriestaaten auf mindestens 0,7 Prozent des Bruttosozialprodukts bleibt weiterhin eine Illusion.

Bundeskanzler Kohl stellte zwar – natürlich auch im Fernsehen – eine baldige Erreichung dieses Ziels für Deutschland feierlich in Aussicht. Zur Zeit ist jedoch damit zu rechnen, daß der bisherig erreichte Satz von 3,5 Prozent demnächst bald auf nur noch 3 Prozent sinken wird.

Im Gegensatz zu der offiziellen Zusage von Rio, ein »offenes internationales Wirtschaftssystem zu fördern«, beschlossen wenige Monate nach Ende der Konferenz die europäischen Agrarminister auch die Importe lateinamerikanischer Bananen durch die Einführung eines neuen Schutzzolls in einigen europäischen Ländern massiv zu behindern.

Die Bonner Regierung widersprach zwar zunächst mit Rücksicht auf den zu erwartenden Ärger der deutschen Bürger, die in Zukunft mehr Geld für kleinere und weniger gut schmeckende Bananen bezahlen müssen. Sie fügte sich aber sehr rasch dem angeblich unwiderstehlichen Druck der ehemaligen europäischen Kolonialmächte im Zuge des europäischen Zusammenschlusses zu einer Wirtschaftsfestung Europa. Für deren hohen Lebensstandard müssen die deutschen Bürger nun auch mehr für ihre Bananen bezahlen. Aber die deutschen Unternehmer dürfen korruptionsfördernde Schmiergelder zur Bestechung der Dritte-Welt-Potentaten weiterhin steuermindernd bei ihren Finanzämtern geltend machen und damit die Völker der Dritten Welt noch erfolgreicher ausbeuten.

Fast symbolisch mutet es da an, daß der von Bundeskanzler Kohl in Rio feierlich überreichte Scheck in Höhe von 170 Millionen Mark für die Rettung des brasilianischen Regenwaldes von Bonn nicht ausgezahlt, sondern mit bis dahin nicht zurückgezahlten Schulden Brasiliens »verrechnet« wurde. Es war eine fernsehwirksame Geste – ohne konkreten Inhalt.

▓ Wenige Wochen nach dem Öko-Gipfel in Rio fand in München die Gipfelkonferenz der führenden Wirtschaftsmächte unserer Welt statt. Um den positiven Eindruck des großen Politspektakels im Fernsehen abzusichern, zog der bayrische Ministerpräsident Max Streibel wie für eine mittelalterliche Feldschlacht über siebentausend Polizisten aus allen Teilen der Bundesrepublik in der bayrischen Hauptstadt zusammen, ließ – entgegen allen demokratischen Spielregeln – Demonstrationen gegen das Prominententreffen verbieten und Aufmüpfige von den Ordnungskräften kurzerhand einsperren oder verprügeln.

Auch hier wurde das von der Obrigkeit angestrebte Hauptziel erreicht. Die im Fernsehen gezeigten Bilder vermittelten den Eindruck bedeutsamer Gespräche zwischen bedeutenden Persönlichkeiten. Und die Beteiligten trennten sich zufrieden.

Auch hier allerdings entsprach das sachliche Ergebnis der Konferenz nicht den im Fernsehen gezeigten Bildern. Es war kaum besser als das des Gipfels in Rio. Und das löste diesmal besonders bei den deutschen Bürgern neben Spott Unmut und Verärgerung aus. Denn zu der sachlichen Ergebnislosigkeit der pompösen Tagung kamen für sie ja noch die Kosten der Veranstaltung, die die deutschen Steuerzahler nun als Gastgeber zu tragen hatten.

■ Die ständig weiter um sich greifende Fernsehdemokratie hat noch weitere gefährliche Folgen. Sie poliert nicht nur das Image der Regierenden über Gebühr positiv auf, sondern sie verfälscht auch immer wieder das Bild, das sich die Bürger von Ereignissen außerhalb ihres Landes machen.

Denn was auf dem Bildschirm erscheint, wird von vielen Zuschauern geglaubt, weil ja Fotografien angeblich nicht lügen können – so jedenfalls heißt es zu Unrecht. Noch ärger ist der Irrtum, wenn über eine wichtige Entwicklung im Fernsehen nicht berichtet wird. Denn was auf dem Bildschirm nicht gezeigt wird, existiert für Millionen Menschen in der Welt einfach nicht.

Ein charakteristisches Beispiel dafür war der Bürgerkrieg und die Hungersnot in Somalia. Trotz zehntausender verhungernder Kinder fand er für die Bürger der USA, Frankreichs, Großbritanniens wie Deutschlands viele Monate, ja jahrelang einfach nicht statt. Selbst die UNO nahm davon keine Kenntnis. Denn sie residiert in New York. Und das dortige Fernsehen hatte darüber nicht berichtet.

Nicht aus böser Absicht. Sondern, wie mir ein Fernsehprogrammdirektor bei einem Empfang des Norddeutschen Rundfunks am 12. Januar 1993 versicherte, »mit Rücksicht auf die Zuschauer« – oder wohl richtiger auf die Zuschauerzahlen.

»Es gab damals so viele Schreckens- und Elendsbilder nicht nur aus Somalia, sondern genau so aus Angola und Mozambique, aus Liberia und dem Sudan, dazu aus den Nachfolgestaaten der ehemaligen Sowjetunion und vor allem aus dem ehemaligen Jugoslawien. Und die stehen uns natürlich näher. Und wir wollten unsere Zuschauer schließlich nicht mit Schreckensbildern überfüttern.«

Das hätte nämlich womöglich die sogenannten Einschaltquoten gesenkt, und das wollte man unbedingt vermeiden – aber das sagte er natürlich nicht.

Daß Somalia schließlich Hilfe erhielt, lag an einem Zufall – und wieder am Fernsehen. Der neugewählte Generalsekretär der UNO, Butros Ghali, erwähnte in einer seiner ersten öffentlichen Reden 1992 die katastrophalen Zustände in Somalia – er hätte genau so gut den Sudan oder Moçambique erwähnen können – und kritisierte anhand dieses Beispiels die Gleichgültigkeit der westlichen Industrienationen. Das löste einen Hilfsboom für Somalia aus. Der hatte Bilder im Fernsehen zur Folge, dafür sorgten schon die Hilfsorganisationen. Daraufhin begannen die Bürger, sich dafür zu interessieren. Dadurch fühlten sich die Regierenden zum Handeln gedrängt. Und am Ende schickte man sogar Soldaten – weil die Fernsehbilder das angeblich »unvermeidbar« machten.

Das alles hätte auch schon früher passieren können. Denn der inzwischen gestürzte somalische Präsident Siad Barre hatte seine innerpolitischen Gegner, also die Angehörigen anderer Stämme, schon seit Jahren bombardieren lassen. Die somalische Stadt Hargeysa etwa sah bereits 1990 so aus wie Mogadishu Weihnachten 1992. Auch die Notlager für somalische Flüchtlinge im äthiopischen Ogaden waren bereits 1990 überfüllt.

Aber Siad Barre hatte 1977 deutschen Bundesgrenzschutzeinheiten bei der Befreiung eines Lufthansaflugzeuges von Terroristen geholfen. Der Bundesregierung und vielen Bundesbürgern galt er deshalb als Freund des Westen. Dieser fühlte sich in seiner Schuld und wollte ihm nicht schaden. Weder die westlichen Regierungen noch die westlichen Medien legten daher großen Wert darauf, über die Zustände im Land des Diktators eingehend zu berichten. Auch deshalb erschienen im Fernsehen kaum Bilder davon. Und so existierte für viele Bürger gar nicht, was dort geschah.

Auch über die Waffen, mit denen die Somalis sich untereinander bekämpften, erfuhr der Fernsehzuschauer kaum etwas. Das Thema taucht dort ohnehin nur sporadisch auf. Meist nur dann, wenn russische Kalaschnikoffs oder andere Waffen aus dem ehemaligen Ostblock gezeigt werden können. Bei Waffen aus »westlicher« Produktion – die Bundesrepublik gehörte zu den Hauptlieferanten – ist man zurückhaltender. Denn das könnte ja westliche Rüstungsfabriken in schlechtes Licht bringen. Und das wiederum könnte in Westeuropa Arbeitsplätze kosten. Und dem Vorwurf, daran schuld zu sein, möchte sich niemand aussetzen. Deshalb erfährt der Bürger auch davon nur selten etwas.

Aber wenn er, durch Zufall, doch etwas davon erfährt, verwirrt es ihn leicht und macht ihn stutzig. Der immer wieder von amtlicher Seite vertuschte Kieler Skandal um die U-Boot-Blaupausen für Südafrika macht das deutlich. Und wenn sich Informationen über solche Vorgänge dann am Ende als wahr herausstellen, und der Bürger merkt, daß man ihn darüber gar nicht oder falsch informiert hat, gewinnt er den Eindruck, die Obrigkeit sage ihm nicht die Wahrheit. Und das verdrießt ihn.

■ Im Dezember 1992 läuft vor der spanischen Küste bei La Coruna ein Öltanker auf Grund. Das auslaufende Öl verschmutzt die spanischen Strände. Das Fernsehen zeigt Bilder davon. Denn was an Spaniens Küsten geschieht, interessiert zumindest die vielen Spanien-Urlauber Mittel- und Nordeuropas.

Einen Monat später, im Januar 1993 läuft vor den schottischen Shetland-Inseln erneut ein Öltanker auf Grund und zerbricht. Über 80.000 Tonnen Öl fließen ins Meer. Dramatische Berichte und Bilder flimmern über Europas Fernsehschirme. Und die Zuschauer erschrecken. Denn dies ist schon »verdammt nah vor unserer Tür«, wie ein deutscher Journalist es formuliert. Und ein Kollege von ihm erklärt etwas zynisch in der ARD-Abendschau:

»Vielleicht ist es beinahe schade, daß so ein Unglück nicht mal vor Sylt oder Timmendorf passiert ist, dann hätten die deutschen Bürger nämlich vielleicht ihre Politiker gezwungen, endlich etwas gegen die skrupellose Gefährdung von Menschen und Umwelt durch gewinngierige Öltransporteure zu unternehmen.«

Die böse Bemerkung ist nicht unberechtigt. Umweltexperten und Ökologen warnen seit Jahren vor den Gefahren der Öltransporte durch veraltete und ungenügend gesicherte Tanker. Aber es geschieht nichts. Denn die Frachtraten auf dem Weltmarkt sind niedrig. Und alte Tanker sind billig. Ihr Einsatz bringt daher gute Gewinne.

Beschwichtigt von den Lobbyisten der Ölfirmen und Reedereien nehmen die Politiker fast aller Länder lange Zeit von den Warnungen keine Notiz. Wenn es zu einem größeren

Unfall kommt wie beim Stranden der Exxon Valdez im fernen Alaska, treten sogleich die Lobbyisten der Chemiekonzerne ihren Kollegen von den Ölfirmen und Reedereien zur Seite und beruhigen die Politiker mit der Zusicherung, mit ihren neuen Produkten sei die Chemie durchaus in der Lage, etwa auftretende Schäden weitgehend zu »neutralisieren«. Und so verharren die Regierenden weiter in ihrer Untätigkeit.

Bis die Fernsehbilder von den beiden Havarien vor La Coruña und den Shetland Inseln die Öffentlichkeit alarmieren. Daraufhin werden plötzlich überall in Europa Vorwürfe gegen die Regierenden laut.

Zunächst wiegeln Politiker und Beamte auch in Bonn nur ab. Der Staatssekretär im Bundesverkehrsministerium verurteilt harsch das »Krisengerede« der Medien und versichert lächelnd, die Regierung habe alles »in der Hand«. Aber die Bilder der gestrandeten Tanker, des Ölschlamms an den Küsten und der verendenden Tiere bleiben bei den Zuschauern haften. Und schließlich sehen sich die Regierenden zögernd gezwungen, etwas zu tun.

Der Bundesverkehrminister, der seine Hauptaufgabe ansonsten meist im Bau weiterer Autobahnen sieht, ordnet »die Ausarbeitung eines Berichts über mögliche Sicherheitsverbesserungen auf dem Gebiet der Öltransporte durch eine zu bildende interministerielle Kommission« an und versucht damit, die Gemüter zu beruhigen.

Auch dabei läßt er es allerdings nicht an Vorwürfen gegen »die Medien« und »die Journalisten« wegen angeblich unverantwortlicher »Panikmache« fehlen. Solche Vorwürfe sind bei den Regierenden der meisten demokratischen Länder genau wie in Bonn sehr populär. Wenn etwas schiefläuft, wenn eine Chance verpaßt wird oder eine Panne passiert und die Öffentlichkeit gegen ihren Willen davon erfährt, sind nach Ansicht der Obrigkeit fast immer angeblich die Medien daran schuld.

»Ohne die künstliche Aufbauschung der Angelegenheit durch Medien wäre der Schaden zumindest in diesem Umfang niemals eingetreten«, lautet eine beinahe schon stereotype Äußerung ungezählter Amtsträger in ungezählten Ländern.

Der Ärger ist, zumindest von ihrem Standpunkt aus, verständlich. Kritische Berichterstattung der Medien stört die Regierenden beim Regieren. Und sie verunsichert die Bürger. Denn sie deckt möglicherweise, wie in Deutschland etwa im Fall des früheren schleswig-holsteinischen Ministerpräsidenten Uwe Barschel, Fehlverhalten von Politikern und Beamten auf, das diese gern geheim gehalten hätten.

Daß sie sich dafür zu rächen versuchen, indem sie etwa ihre Kritiker nicht mehr informieren und empfangen, wie das hierzulande verkommt und wie Bundeskanzler Kohl es denn auch einmal hinter verschlossenen Türen empfohlen hat, ist zwar nicht sehr klug, aber menschlich. Ein Grund oder auch nur eine Entschuldigung für »Hofberichterstattung« ist das in Demokratien jedoch nicht.

In Diktaturen ist Kritik für einen Berichterstatter gelegentlich lebensgefährlich. Nicht wenige afrikanische, asiatische und vor allem auch lateinamerikanische Journalisten haben das am eigenen Leib erfahren. Den großen uruguayanischen Schriftsteller und Journalisten Eduardo Galeano kostete sein Festhalten an der Wahrheit ohne Rücksicht auf die Wünsche der Regierenden in seinem Land zehn Jahre Exil. Als ich seinen Freund und Kollegen Hugo Alfaro von der Zeitschrift »Brecha« darauf anspreche, kommentiert der trocken:

»Eduardo hatte Glück, er verlor nur für ein paar Jahre seine Heimat. Ich hatte auch Glück, ich verlor nur für eine Weile meine Freiheit. Andere hatten weniger Glück, sie verloren ihre Angehörigen oder sogar ihr Leben. Aber wenn man unseren Beruf richtig ausüben will, gehört das dazu.«

Da wird eine Berufsmoral erkennbar, die man in demokratischen Ländern heute nicht mehr sehr häufig findet. Hier wird vielfach schon berufliche oder finanzielle Benachteiligung aufgrund kritischer Berichterstattung als »unzumutbar« empfunden. Diese Selbstbemitleidung trägt, wie ich meine, ebenfalls zu der zunehmenden Politikerschelte und der daraus resultierenden Staatsverdrossenheit bei.

Denn durch angepaßte, häufig sogar schönende Darstellung der Regierenden vor allem im Fernsehen werden bei vielen Zuschauern Vorstellungen geweckt, die sich später als

Illusionen herausstellen. Und die Enttäuschung, die solche Erkenntnisse dann hervorrufen, lösen bei den Bürgern nur allzu leicht eine Verdrossenheit aus, die in diesem Fall nicht einmal unbedingt berechtigt ist. Denn Ursache dafür sind nicht nur die publizitätssüchtigen Politiker, sondern auch die allzu willfährigen und oft geradezu liebedienerische Medien und Journalisten.

Kritiker als Staatsfeinde

Der junge Mann sieht sich vorsichtig um, zuckt dann die Achseln. Natürlich ist er daheim, in Algerien, ein Anhänger der FIS, der »Islamischen Heilsfront«, erklärt er mir. Die meisten seiner Freunde sind das.

Eigentlich ist er Student. Student der Medizin. An der Universität Algier. Zur Zeit verkauft er Textilien. Hosen, Röcke, Blusen. In Marseille. Auf einem Verkaufsstand an der Rue de la République, der seinem Onkel gehört. Und jeden Sonntag auf dem großen Sonntagsmarkt in L'Isle sur Sorgue östlich von Avignon in Südfrankreich. Hier komme ich mit ihm ins Gespräch.

Im Januar 1992 hat er sich in Algier aus dem Staub gemacht und ist bei seinem Onkel in Frankreich untergekrochen. Weil die algerische Staatspolizei hinter ihm her war. Bei einer Demonstration hatte er zusammen mit drei Freunden ein Transparent getragen. Da hatten die Polizisten versucht, sie zu verhaften.

Einen von ihnen hatten sie gekriegt. Der sitzt seitdem im Gefängnis. Irgendwo im Süden, am Rand der Wüste. Die anderen drei waren entkommen. Er war nach Frankreich gegangen. Die beiden anderen waren untergetaucht.

Er ist nicht aus religiösen Gründen ein Anhänger der FIS, der »Islamischen Heilsfront«, versichert er mir. Natürlich ist er Moslem. Algerien ist ein moslemischer Staat. Aber er ist nicht besonders religiös. Er will auch keinen »Islamischen Gottesstaat« aus Algerien machen. Er will nur eine andere Regierung, ein Ende der Korruption, eine wirtschaftliche vernünftige soziale Politik. Deshalb hat er bei der Wahl für die FIS gestimmt. Denn sie ist die einzige große Oppositionspartei in Algerien. Schließlich hatte sie bei den Wahlen 1991 im ersten Wahlgang ja auch gesiegt.

Im danach anstehenden zweiten Wahlgang hätte sie mit Sicherheit endgültig gewonnen, behauptet er, und das behaupten auch die Medien. Aber um das zu verhindern, hatte die Regierung den zweiten Wahlgang verboten. Und dagegen hatten sie demonstriert. Denn schließlich hatte die Regierung freie Wahlen versprochen.

Trotzdem hatte die Polizei versucht, sie zu verhaften.

»Wegen Ihrer Kritik an der Regierung?«

»Wegen unserer Kritik«, erwidert er achselzuckend, »so ist das bei uns.«

Deswegen wird er vorläufig auch in Frankreich bleiben, setzt er hinzu, obwohl es ihm nicht sonderlich gefällt, als Ausländer halb illegal hier zu leben. Denn die Franzosen mögen die Nordafrikaner nicht, behauptet er. Es gibt zu viele, die von drüben herüberkommen, sagen sie. Aber was sollen die anderes machen, wenn sie zu Hause nicht leben können?

»Wer in Algerien etwas gegen die Regierung sagt, gilt als Staatsfeind und wird eingesperrt«, versichert er mir, »und in einem Staat, der so was tut, kann man nicht leben.«

■ Von der wirtschaftlichen Misere, in der sein Land sich befindet, hatte der junge Algerier zu meinem Erstaunen kaum gesprochen. Dabei ist die sicherlich die Hauptursache der Unzufriedenheit seiner Landsleute.

Die wirtschaftliche Situation des seit drei Jahrzehnten unabhängigen Landes ist katastrophal. Drei Viertel seiner 26 Millionen Einwohner sind jünger als 30 Jahre. Jährlich kommt eine halbe Million Schulabgänger neu auf den Arbeitsmarkt. Aber sie haben kaum Aussicht auf einen Arbeitsplatz. Denn über ein Viertel der Gesamtbevölkerung ist arbeitslos.

Hunderttausende junger Männer trotten ohne Aussicht, jemals ihren Lebensunterhalt selbst verdienen zu können, auf der meist vergeblichen Suche nach einem Gelegenheitsjob ziellos durch die Straßen der Städte. Nicht wenige halten sich mit Diebstählen oder Schmuggel über Wasser. Über die Hälfte der Bevölkerung lebt unterhalb der Armutsgrenze, und mit der Hoffnungslosigkeit steigt die Kriminalität.

Wie die meisten afrikanischen Staaten ist Algerien hoch verschuldet. 23 Milliarden Dollar beträgt die Auslandsschuld zur Zeit. Hauptursache sind die Kosten der angestrebten Industrialisierung.

Dabei verfügt das Land über erhebliche Öl- und Erdgasvorkommen. Und der – allerdings schmale – Küstengürtel ist durchaus fruchtbar. Aber die Industrialisierung der von Paris in erster Linie als Agrarland behandelten ehemaligen französischen Kolonie scheiterte zunächst an der Unfähigkeit der eingesetzten Betriebsleiter und danach vor allem an der immer rascher um sich greifenden Korruption im Regierungsapparat. Während die Masse der Bevölkerung zunehmend verarmte, wurden die Regierenden immer reicher und schafften, wie in anderen Staaten der Dritten Welt auch, ihr Vermögen ins Ausland.

Daß dies Unzufriedenheit in der Bevölkerung auslöste, liegt auf der Hand. Und schließlich sahen sich auch die seit 1968 regierenden Militärs gezwungen, davon Notiz zu nehmen. Um den Unmut der Bevölkerung abzubauen, beraumten sie deshalb für das Jahresende 1991 Wahlen an. Als deren erster Wahlgang jedoch mit einem eindrucksvollen Sieg der oppositionellen »Islamischen Heilsfront« endete, zogen sie kurzerhand die Notbremse und sagten den endgültig entscheidenden zweiten Wahlgang ab.

Der von ihnen nach der abgebrochenen Wahl als Präsident eingesetzte alte Freiheitskämpfer und angesehene Politiker Mohammed Boudiaf wurde am 29. Juni 1992 nach nur halbjähriger Amtszeit ermordet. Angeblich durch einen von der FIS bestochenen Leibwächter. Genaues kam jedoch nie ans Tageslicht. Und die Gerüchte im Lande verstummen nicht, daß die wahren Anstifter des Mordes in den Reihen der korrupten Militärs und Beamten zu suchen sind, denen der Präsident wegen seines rigorosen Vorgehens gegen die Korruption gefährlich wurde.

Doch niemand sagt öffentlich etwas. Kritik an der Vertuschung der wahren Umstände des Präsidentenmordes wird kaum laut. Den Grund dafür hatte der algerische Student auf dem Sonntagsmarkt von L'Isle sur Sorgue nach einem vorsichtigen Blick über die Schulter mit den Worten formuliert:

»Kritik wird in Algerien als Verbrechen bestraft, daher sagt niemand, was er denkt. Aber eine Regierung, die ihre Kritiker wie Verbrecher behandelt, darf sich nicht wundern, wenn immer mehr von ihren Bürgern zu Staatsfeinden werden.«

▪ Daß »Nörgler und Kritikaster«, wie Hitlers Propagandaminister Joseph Goebbels kritische Bürger bezeichnete, sowohl im Dritten Reich wie in der Sowjetunion unter Stalin verfolgt, bestraft und unter Umständen sogar umgebracht wurden, wundert niemand. Und ähnlicher Staatsterror heute in anderen Diktaturen wie etwa China, Haiti oder Zaire, löst bei vielen Demokraten ebenfalls kaum Erstaunen aus.

Zur Demokratie gehört dagegen nach landläufigen Vorstellungen politische Toleranz. Also das Akzeptieren politischer Kritik an Regierung und Regierenden, so lange diese Kritik sich im Rahmen demokratischer Umgangsformen hält, also sich auf öffentliche Äußerungen und Demonstrationen beschränkt und gewaltfrei bleibt.

Wenn ein Regierungschef sich durch eine Rundfunkmeldung, einen Zeitungsartikel oder eine Fernsehsatire verunglimpft, beleidigt oder verleumdet fühlt, hat er in der Demokratie wie jeder andere Bürger die Möglichkeit, sich in Form einer Klage bei Gericht dagegen zur Wehr zu setzen. Winston Churchill hat das im Fall eines ihn diffamierenden Artikels im »Daily Mirror« getan und hat aufgrund eines Gerichtsurteils eine sehr erhebliche Entschädigungssumme erstritten. Auch Franz Joseph Strauß hat sich wiederholt mit Klagen vor Gericht gegen Verunglimpfungen zur Wehr gesetzt, und ich halte die hier und da deswegen über ihn geäußerte Kritik, er sei ein »Prozeßhansel« für nicht nur falsch, sondern außerdem auch für dumm.

Wenn ein Regierungschef dagegen seine politische Macht auszuspielen versucht, indem er zum Beispiel einen Zeitungsverleger oder einen Rundfunkintendanten durch einen persönlichen Hinweis auf seine Stellung und seine Einflußmöglichkeiten zur Unterdrückung solcher Kritik an ihm und womöglich zur Kaltstellung des Kritikers zu veranlassen versucht, halte ich das für schlicht undemokratisch.

Schlimmer noch erscheint mir, wenn Regierende die ihnen unterstellte Polizei oder andere Dienststellen dazu anhalten, Bürgerkritik an ihrer Politik oder an ihnen selbst zu verhindern oder zu unterdrücken. Natürlich hat die Obrigkeit nicht nur das Recht, sondern sogar die Pflicht, den Staat, wenn nötig auch mit Gewalt, gegen Angriffe auf ihn zu schützen. Und auch eine demokratisch gewählte Regierung hat Anspruch auf solchen Schutz. Aber die Regierung als Institution. Nicht ihre Politik. Und schon gar nicht die Politiker als Personen. Und hier beginnt, wie ich meine, die Grauzone.

Wer etwa Deutschland öffentlich als »Bananenrepublik« bezeichnet, kann deshalb auf Antrag der Obrigkeit vor Gericht angeklagt, darf aber nicht von der Polizei festgenommen und eingesperrt werden. Entsprechendes gilt für regierende Politiker und ihre Beamten.

Regierende neigen jedoch auch in der Demokratie dazu, Kritikern mit Hilfe obrigkeitlicher Machtmittel »den Mund verbieten zu lassen«. Angeblich um Schaden von der Regierung abzuwenden. In Wahrheit aber häufig nur, um sich selbst zu schützen, besser wohl, sich selbst zu nützen, noch besser, um sich zu rächen. Und dies ist ein Mißbrauch der Macht, der leider auch in Demokratien nicht selten vorkommt.

Solcher Mißbrauch aber ist gefährlich. Denn er erzieht zum Duckmäusertum. Vor allem bei Menschen, denen Zivilcourage fehlt. Sie verzichten auf Kritik aus Angst, die Kritisierten könnten sich, weil sie mächtig sind, an ihnen rächen.

Das Fehlen von Kritik verleitet gleichzeitig die Regierenden leicht zum Übermut. Ein Minister, der feststellt, daß die Bürger sachlich falsche oder sogar ungerechte Anordnungen von ihm aus Mangel an Zivilcourage oder aus Obrigkeitshörigkeit tolerieren, der wird, wenn er moralisch nicht sehr gefestigt ist, versucht sein, weitere anfechtbare Entscheidungen zu treffen, wenn diese ihm Vorteile bringen – weil es ja wegen der fehlenden Kritik bisher gut gegangen ist. Da entsteht ein circulus vitiosus. Deshalb ist gerade in einer Demokratie freie Kritik der Bürger wichtig. Und jeder Versuch, sie zu unterdrücken, gefährdet sie.

In den jungen afrikanischen Staaten gibt es zahlreiche Beispiele dafür. Der erste Regierungschef Ghanas, Kwame

Nkrumah, ebenso wie sein Kollege Sekou Touré in Guinea sind fast klassische Beispiele dafür. Beide waren von Haus aus engagierte Demokraten, die ihren Völkern nützen und ihre jungen Länder zu lebensfähigen und wohlhabenden Staaten entwickeln wollten. Aber neben ausländischem Druck von Seiten der ehemaligen Kolonialherren trug nicht zuletzt die fehlende Kritik der eigenen Bevölkerung immer wieder zu falschen Entscheidungen und daraus folgend schließlich zum Scheitern ihrer Politik bei.

■ In unseren westlichen Demokratien bekommt der Bürger die fatale Neigung der Obrigkeit, ihr lästige Kritik zu verhindern, vor allem auf der unteren Verwaltungsebene zu spüren. Dort tätige Politiker, Beamte wie Angestellte unterliegen nur allzu leicht der Versuchung, Bürger einzuschüchtern oder unter Druck zu setzen, die sich durch Kritik bei ihnen unbeliebt gemacht haben.

Ein Beispiel: Vor Jahren speicherte der niedersächsische Verfassungsschutz die Daten eines jungen Mädchens, das für »Amnesty International« die Genehmigung für eine Demonstration beantragt hatte, weil sie aufgrund dieser Tatsache als »verdächtige Person« galt. Die Beamten weigerten sich dann, ihre Daten zu löschen, obwohl die von ihr beantragte Genehmigung für die Demonstration erteilt worden war. Denn die Antragstellerin galt trotzdem aufgrund ihrer kritischen Haltung gegenüber der örtlichen Obrigkeit und weil sie sich für politische Gefangene einsetzte, als »politisch nicht unverdächtig«.

Sie mußte die Behörde am Ende durch ein mit Hilfe eines Rechtsanwalts erzwungenes Gerichtsurteil zum Löschen ihrer Daten zwingen lassen. Und eine Kontrolle darüber, ob die angeordnete Löschung tatsächlich erfolgt war, erhielt sie trotz ihres Obsiegens vor Gericht nicht, weil die Unterlagen des Verfassungsschutzes als geheim eingestuft sind.

Ich selbst habe einen ähnlichen Fall erlebt. Vor einem beruflichen Flug nach Paris wurde mir von der gleichen Behörde auf dem Flugplatz mein Tonbandgerät und zwei Hefte der Zeitschrift »Pogrom« konfisziert. Vorher war mehrere Monate lang mein Telefon abgehört worden. Grund: Ich gehörte, mit Pastor Heinrich Albertz, Professor Ernst Bloch und der Schriftstellerin Luise Rinser, zu den Schirmherren der »Gesellschaft für bedrohte Völker«. Ähnlich wie »Greenpeace« und »Amnesty International« kritisierte diese Organisation die Behörden, und das störte diese. Um die »Kritisiererei« zu stoppen, stufte man die Kritiker deshalb kurzerhand als »politisch nicht zuverlässig« ein, behinderte sie dementsprechend und versuchte, sie dadurch einzuschüchtern und von weiterer Kritik abzuhalten.

Auf meine Beschwerde beim Bundesinnenministerium gab ein hoher Ministerial-Beamter zwar schriftlich ein falsches Verhalten der Beamten zu und entschuldigte sich dafür, war aber nicht bereit, den Grund für dieses Verhalten zu nennen. Den erfuhr ich erst sehr viel später und privat vom damaligen Leiter der Hamburger Verfassungsschutzbehörde.

Ich halte solches Vorgehen von Behörden für schädlich. Nicht weil es in diesem Falle mich betraf. Und auch nicht weil es davon Betroffenen zuweilen das Leben erschwert. Sondern weil es bei ihnen Verdrossenheit erzeugt, Verdrossenheit gegenüber den Behörden und dem von ihnen vertretenen Staat.

Kritik ist Anteilnahme. Und die braucht ein Staat von seinen Bürgern, auch wenn sie den ihn Regierenden ihre Arbeit zuweilen, wie sie gern behaupten, erschwert. Denn ohne Teilnahme, also Anteilnahme ihrer Bürger, kann eine Demokratie nicht überleben. Das wußten schon die alten Griechen. Plato hat es aufgrund ihrer Erfahrungen für die Nachwelt aufgeschrieben.

Die heute weltweit verbreiteten Versuche Regierender, Kritik zu unterbinden, weil sie sie angeblich »bei der Arbeit stört«, und Kritiker mit Hilfe ihrer politischen Macht zum Schweigen zu bringen, weil sie ihnen lästig sind, machen deutlich, daß viele von ihnen den Staat zu Unrecht als eine Art Privatunternehmen betrachten, anstatt daran zu denken, daß der Staat für die Bürger existiert. Das verlangt nicht, die Forderungen der Bürger stets zu erfüllen. Aber es verlangt, auf ihre Kritik zu hören, sie wenigstens zur Kenntnis zu nehmen.

Ein altes Sprichwort sagt, man solle dem Ochsen, der da drischt, nicht das Maul verbinden. Wer es doch tut, sollte sich nicht darüber beklagen, wenn der Ochse nicht ordentlich drischt.

Kurt Tucholsky hat die Notwendigkeit bürgerlicher Kritik für sich selbst einmal mit den Worten formuliert: »Wir haben das Recht, unser Land zu kritisieren, weil wir es lieben.«

Und sein amerikanischer Kollege Henry David Thoreau geht in einem berühmt gewordenen Essay sogar noch einen Schritt weiter, indem er erklärt: »Ungehorsam – das ist eine demokratische Tugend!«

Feigheit der Politiker

Es geht um Somalia. Der Arzt, der in der Akademie mit uns auf dem Podium sitzt, ist gerade aus Mogadishu zurückgekommen. Er war dort eine Woche im Auftrag einer karitativen Organisation und schildert die verheerenden Zustände.

Bei der anschließenden Diskussion konzentriert sich das Interesse des Publikums sehr rasch auf die Frage: Können und sollen Ausländer dort eingreifen? Und zwar nicht nur mit Lebensmitteln, Medikamenten und Ärzten, sondern auch militärisch? War es also richtig, hat es etwas genützt, daß die Amerikaner Soldaten dorthin geschickt haben? Und, besonders, sollten auch wir Deutschen das tun?

Der Arzt schüttelt den Kopf. Darüber zu entscheiden, sei Sache des Staates, also der Regierung und der Politiker, erwidert er abwehrend.

Erwartungsvoll sehen die Zuhörer die auf dem Podium sitzenden Vertreter verschiedener Parteien an. Die tragen die Standpunkte ihrer Parteien vor. Es kommt zu der bekannten Auseinandersetzung über die Bestimmungen des Grundgesetzes.

Im Publikum wird Unruhe laut. Schließlich ruft eine junge Frau verärgert in den Saal:

»Wir wollen hier keine juristische Vorlesung! Da werden Menschen ermordet, da verhungern Kinder, wir wollen wissen, was Deutschland tun soll und tun kann – dafür sind die Politiker doch da!«

Einer der Angesprochenen weist sie zurecht.

»Da ist jetzt das Bundesverfassungsgericht zuständig, das ist angerufen worden, das muß jetzt entscheiden.«

Der Rest seiner Antwort geht in Buh-Rufen unter. Nur zögernd kehrt die Diskussion zum Thema Somalia zurück. Das Interesse erlahmt.

Beim Verlassen des Saales nach Ende der Veranstaltung treffe ich zufällig auf die junge Frau, die den Zwischenruf gemacht hat. Auf meinen Hinweis, daß die Anrufung des Verfassungsgerichts schließlich tatsächlich dem Grundgesetz entspricht, reagiert sie ärgerlich:

»Unsere Politiker sind nur feige. Sie schielen auf die nächste Wahl und schieben alles, was nicht populär sein könnte, den Richtern zu. Was ist denn das für ein Staat, wo Richter über die Politik entscheiden!«

■ Der Einsatz deutscher Soldaten außerhalb der deutschen Grenzen und des NATO-Gebietes ist nur ein Thema, das unsere Politiker der Justiz zur Entscheidung zuschieben. Abtreibung und der § 218 ist ein anderes. Da wird die Ursache der öffentlichen Verärgerung darüber sogar noch deutlicher.

Hier hatte das Parlament mit einer zwar nicht überwältigenden, aber klaren und vor allem parteiübergreifenden Mehrheit ein Gesetz beschlossen. Aber nach der Abstimmung riefen die Unterlegenen das Bundesverfassungsgericht dagegen an, mit der Begründung, die beschlossene Regelung widerspreche dem Grundgesetz.

Das Bundesverfassungsgericht kann sich solchen Klagen kaum entziehen. Denn zu seinen wichtigsten Aufgaben gehört nun einmal, über die Einhaltung der Verfassung zu wachen. Daß es den Klagenden hier häufig gar nicht um die Einhaltung der Verfassung geht, sondern daß sie sich lediglich vor der Übernahme der Verantwortung für eine möglicherweise nicht überall populäre politische Entscheidung drücken wollen, mochte das höchste deutsche Gericht so nicht offen aussprechen. Also fällte es eine ihm in Wahrheit gar nicht obliegende politische Entscheidung.

Im Fall Somalia billigte es zunächst die Entsendung deutscher Soldaten mit dem rein politischen und nicht juristischen Hinweis auf die bei Nichtentsendung möglicherweise entstehenden nachteiligen außenpolitischen Folgen für Deutschland. Im Fall des § 218 fällte es eine zwar juristisch begründete Entscheidung, versah sie jedoch mit Auflagen, die praktisch die deutschen Frauen zu Bürgern zweiter Klasse degradierten, die nicht fähig seien, selbst die Entscheidung über die in ihnen heranwachsenden Kinder zu treffen, sondern dafür der »Beratung« durch Ärzte, Beamte, Priester und andere vermutlich vorwiegend männliche Mitbürger bedürften.

Den Richtern ist deswegen kein Vorwurf zu machen. Politische Entscheidungen zu treffen, ist nicht ihre Aufgabe. Die Schuld trifft die Politiker. Aber sie profitieren von ihrer Feigheit.

Im Fall des § 218 wird das ganz deutlich. Der Zorn der diskriminierten deutschen Frauen trifft nämlich in erster Linie nicht sie, sondern die Richter. Die Folge dieser sich offenbar einbürgernden Praxis ist: Nicht das Parlament, also die vom Volk gewählten Politiker entscheiden über die deutsche Politik, sondern die Justiz.

Nun ist gegen die Anrufung des obersten deutschen Gerichts nichts einzuwenden, wenn es um Grundsatzfragen geht. Ihm obliegt schließlich die Aufsicht über die Einhaltung der Bestimmungen unserer Verfassung – nicht jedoch die Festlegung des Kurses der deutschen Politik. Den festzulegen ist vielmehr ausschließlich Aufgabe des vom Volk gewählten Parlaments und der von ihm gewählten und kontrollierten Regierung. Wenn die Abgeordneten und Minister sich vor dieser Arbeit drücken und Entscheidungen, die ihnen obliegen, der Justiz zuweisen, weil das für sie bequemer und politisch weniger riskant ist, erfüllen sie ihre Aufgabe nicht, und das Volk ist zu Recht mit ihnen unzufrieden.

Die Politiker mißbrauchen nämlich auf diese Weise außerdem noch die Justiz. Auch wenn dies unter dem Vorwand, die Verfassung schützen zu wollen, geschieht. Denn das ist oft wirklich nur ein Vorwand. In Wahrheit geht es den Antragstellern häufig in erster Linie – wenn nicht sogar ausschließlich – um ihre eigenen politischen Vorteile und Interessen. Sie wollen sich nicht exponieren und dadurch bei einem Teil der Bürger unpopulär machen. Das Motiv ihres Verhaltens ist also nicht Verfassungstreue, sondern Verantwortungsscheu oder, wie die Frau in der Podiumsdiskussion es ausdrückte, Feigheit.

Sicherlich ist es nicht leicht, darüber zu entscheiden, ob und zu welchem Zweck deutsche Soldaten außerhalb ihres eigenen Landes eingesetzt werden sollen, unter welchen

Umständen eine Abtreibung zulässig sein soll, wann in ihrer eigenen Heimat gefährdete Menschen bei uns eine Zuflucht finden sollen. Aber dafür haben die Politiker sich ja zur Wahl gestellt. Dafür haben wir sie gewählt. Und dafür werden sie von uns bezahlt.

Wenn sie jetzt das Risiko scheuen, sich durch Entscheidungen bei Wählern unpopulär zu machen oder sich das Mißfallen von Organisationen wie Kirchen oder Gewerkschaften zuzuziehen, und es vorziehen, die Gerichte für sie entscheiden zu lassen dann tun sie die Arbeit nicht, für die sie bezahlt werden, dann betrügen sie die Bürger – von dem Eid, den manche von ihnen geschworen haben, und den sie hiermit brechen, einmal ganz abgesehen.

Das bedeutet keine Ausschaltung der Justiz und der Gerichte. Eine juristische Kontrolle der Einhaltung der Verfassung gehört zur Demokratie. Und zu den Rechten des Bürgers in der Demokratie gehört die Anrufung eines Gerichts, um nachprüfen zu lassen, ob die Politiker, ob die Regierung und auch das Parlament sich bei ihren Entscheidungen an die Bestimmungen unserer Verfassung halten. Aber dies ist in erster Linie ein Recht der Bürger. Es ist kein Freibrief für feige Politiker.

Die Bürger sind nicht gegen eine Anrufung der Gerichte. Im Gegenteil. Die Neigung, Gerichte mit der Entscheidung von Streitigkeiten zu befassen, die sich ohne gerichtliches Verfahren einfacher und billiger beilegen ließen, ist in Deutschland eher zu groß als zu gering. Der Zorn der Bürger richtet sich vielmehr gegen die Regierenden, die Macht haben und sie hinter den Kulissen auch ausüben, aber zu feige sind, zu dem zu stehen, was sie tun, weil sie Angst haben, daß dabei die wahren Motive ihres Handelns öffentlich erkennbar würden.

▪ Der Hang, politische Entscheidungen der Justiz zuzuschreiben, ist in Deutschland besonders verbreitet. Den heute hier Regierenden geht es dabei offenbar in erster Linie um die Erhaltung ihrer persönlichen Macht und um die Stärkung der Partei, die sie trägt, auf die sie sich stützen. Erst in zweiter Linie folgt die Verwirklichung ihrer politischen Vorstellungen oder gar der dahinter stehenden Ideen.

Zu Zeiten der Kanzlerschaft Konrad Adenauers oder Willy Brandts und auch Helmut Schmidts war das anders, jedenfalls so lange, bis Adenauer und Schmidt in den letzten Jahren ihrer Regierungszeit schließlich krampfhaft an ihrer Macht festhielten. Dabei kam ihnen die Angst der Bevölkerung vor einem Wechsel zu Hilfe.

Tatsächlich aber beinhaltet Demokratie ihren Grundsätzen entsprechend nicht nur die Möglichkeit, sondern sogar die Notwendigkeit eines Wechsels der Regierung von Zeit zu Zeit. Anders als bei der Diktatur ist die Opposition kein staatsgefährdendes Element, sondern ein positiver Bestandteil der Staatsverwaltung. Sie bietet die unerläßliche Alternative nicht nur für den Fall eines Scheiterns der Regierungspolitik, sondern vor allem auch für den Fall einer Erschöpfung der Regierenden.

In Großbritannien, der ältesten und erfahrensten Demokratie Europas, weiß man das. Dort werden Bürger nervös, wenn ein Premierminister und seine Partei zum dritten Mal an die Macht gewählt werden. Man fürchtet dort, sie sind physisch und geistig ausgelaugt. Und bei der starken Beanspruchung eines Regierungschefs durch die weltpolitischen Anforderungen heute erscheint das auch durchaus verständlich.

Als Margaret Thatcher sich 1989 für eine dritte Amtsperiode zur Wahl stellte, erzählte mir ein guter englischer Freund, den ich als überzeugten Konservativen kannte, bei einem Treffen in London zu meinem Erstaunen, er werde dieses Mal die Sozialliberalen, also eine Partei der Opposition wählen. Auf meine verblüffte Frage nach dem Grund erklärte er mir:

»Maggie Thatcher ist fertig! Mehr als zwei Amtsperioden hält ein Mensch als Regierungschef heute einfach nicht durch«.

Auf meine weitere Frage, wen er denn wählen würde, wenn es die kleine sozialliberale Partei nicht gäbe, versicherte er mir, ohne zu zögern, dann bekäme die Labour Party seine Stimme. Und mein ungläubiges Staunen darüber war ihm nur schwer verständlich.

Bei vielen Deutschen löst die Aussicht auf eine Regierungsübernahme durch die Opposition geradezu automatisch fast panische Angst vor einer politischen Katastrophe aus. Die Regierenden kennt man; auch wenn sie schlecht sind, hat man sich an sie gewöhnt. Die Opposition dagegen ist, jedenfalls als Obrigkeit, unbekannt; und vor Unbekannten fürchtet man sich hierzulande. Die Engländer dagegen sprechen von »Her Majesty's most loyal opposition« – also von der staatstreuen Opposition – und ihr Führer bezieht denn auch offiziell ein Gehalt vom Staat.

Die Ursache dieser unterschiedlichen Einstellung liegt allerdings weniger bei den Politikern als bei den Bürgern. Daß Politiker um ihre Wiederwahl kämpfen, auch wenn sie bereits acht Jahre im Amt und – was sie natürlich nicht zugeben – in Wahrheit physisch wie geistig ausgelaugt und erschöpft sind, ist verständlich. Schließlich ist Machtausübung ihr Beruf. Wer hier versagt, ist der Bürger. Denn an ihm liegt es ja, wenn seit acht Jahren Regierende und daher völlig Ausgelaugte nochmals in ihr Amt gehievt werden.

Für Engländer wie Skandinavier, Holländer, Nordamerikaner sind politisch Andersdenkende zwar politische Gegner, aber nicht unbedingt Feinde und vor allem nicht schlechte Bürger ihres Staates oder gar Landesverräter. Nicht wenige Deutsche dagegen halten politische Gegner tatsächlich für zumindest potentielle Staatsfeinde oder wenigstens Staatsverräter.

Das geht noch auf die Kaiserzeit zurück. Den Satz Wilhelms II.: »Ich kenne keine Parteien mehr, ich kenne nur noch Deutsche«, hätte der König von England mit Sicherheit nie gesagt. Denn es wäre eine »Binse«, eine Selbstverständlichkeit gewesen. Daß die Angehörigen aller britischen Parteien trotz politischer Meinungsverschiedenheiten zuverlässige britische Staatsbürger sind, davon ist dort jeder überzeugt. Das braucht man nicht auszusprechen. Man hält den politischen Gegner zwar vielfach für dumm, aber nicht staatspolitisch für böse.

In Deutschland dagegen erscheint das zumindest der Obrigkeit seit jeher durchaus zweifelhaft. Das zeigt zum Beispiel das später von den Nazis und auch von den Deutschnationalen so infam gegen die Sozialdemokraten gebrauchte Attribut von den »vaterlandslosen Gesellen«, gegen das manche Sozialdemokraten noch heute meinen, sich wehren zu müssen.

In dieses Fach gehört auch die Verurteilung eines Parteiwechsels in der Politik, wie ihn zum Beispiel Winston Churchill gleich zweimal vollzogen hat. Ihm hat das ernsthaft nie jemand vorgeworfen. In Deutschland dagegen wird derjenige, der seine politischen Ansichten ändert, ebenso verächtlich kritisiert wie eine Partei, die ihren Koalitionspartner wechselt. Sie gelten als »wetterwendisch« oder gar als »Wendehals«.

■ Es gab einmal einen schwarzen Amerikaner, einen Pfarrer, er hieß Martin Luther King, der hat in einer berühmt gewordenen Rede gesagt: »Ich hatte einen Traum....«

Und dann schilderte er diesen Traum. Es war im Grunde mehr als ein Traum. Es war eine Vision. Die Vision vom friedlichen Zusammenleben der Menschen aller Hautfarben und Rassen in seinem Land, in den Vereinigten Staaten von Amerika.

Martin Luther King wurde ermordet. Aber seine Vision, die er seinen Landsleuten schilderte, hat etwas bewirkt. Sie hat Millionen Amerikaner veranlaßt, nicht nur darüber nachzudenken, ob man sie vielleicht verwirklichen könne, sondern sogar für ihre Verwirklichung etwas zu tun.

Das gilt auch für die Vision eines anderen großen, ebenfalls ermordeten Amerikaners: John F. Kennedy. Er beschwor seine Landsleute, etwas für ihr Land zu tun, um es zu einem Vorbild der Freiheit für die Menschen zu machen. Der entscheidende Satz steht auf seinem Grabstein. Er lautet: »Don't ask, what your country can do for you, ask what you can do for your country«. Zu deutsch: »Frag nicht, was Dein Land für Dich tun kann, frag, was Du für Dein Land tun kannst!«

Auch seine Vision hat bei den Bürgern seines Landes etwas bewirkt. Das hat sich gerade bei dem Wahlsieg des amerikanischen Präsidenten Bill Clinton und der Bereitschaft zahlreicher Amerikaner, mit ihm für wenig Geld für ihr Land zu arbeiten, wieder gezeigt.

Auch Deutschland hat in den vergangenen Jahrzehnten Politiker gehabt, die Visionen hatten und sie den Bürgern deutlich machten. Konrad Adenauer gehörte dazu. Er träumte davon, sein damals verachtetes und ausgestoßenes Volk in die Gemeinschaft der westlichen Nachbarvölker zurückzuführen. Er war von dieser Vorstellung besessen. Sie bestimmte sein Handeln. Er kämpfte mit allen Mitteln dafür, auch mit Tricks. Er hatte Gegner, die ihn bekämpften. Aber niemand bezweifelte seine Glaubwürdigkeit in diesem Kampf. Und es gab damals keine Staatsverdrossenheit, auch nicht bei seinen Gegnern.

Das gleiche gilt für Willy Brandt. Obwohl er doch seine Haltung scheinbar sogar mehrfach gewandelt hat. Vom »vaterlandslosen Gesellen« im Krieg zum patriotischen Verteidiger Westberlins gegen die Sowjetunion und dann noch einmal zum Vorkämpfer für eine Verständigung zwischen Bonn und Moskau. Auch er hatte Gegner, viel mehr sogar als Adenauer. Sie warfen ihm Fehler vor. Aber nicht Unglaubwürdigkeit, jedenfalls nicht am Ende seiner kurzen Regierungszeit. Und es gab auch zu seiner Zeit keine Staatsverdrossenheit in Deutschland.

Dafür gab es leidenschaftliche Auseinandersetzungen im Parlament. Reden und Debatten, denen die Bürger zuhörten, weil sie sie mitrissen oder aufregten, und vor allem weil sie spürten, daß es den Streitenden nicht um ihre persönliche Macht oder um das Wohl ihrer Partei, sondern um das Schicksal Deutschlands, also unser aller Schicksal, ging. Deshalb waren sie nicht so uninteressiert und gleichgültig wie so viele heute.

Als 1989 in Berlin die Mauer zwischen Ost und West fiel, da erfüllte sich für das ganze deutsche Volk ein Traum. Auch für die, denen beim Nachdenken darüber später Sorgen oder gar Bedenken kamen.

Am Anfang stand die Erfüllung eines Traums. Eines Traumes nicht von größerem Wohlstand oder von Wiederinbesitznahme verloren geglaubten Eigentums oder von Rache oder Vergeltung. Sondern der Traum vom Zusammenfinden derer, die Jahrzehnte lang getrennt waren und die doch in Wahrheit, wie alle meinten, zusammen gehören.

Wenn die uns Regierenden damals einfach gesagt hätten: »Wir haben etwas geschenkt bekommen, unser Traum hat sich erfüllt, seine Verwirklichung kann zwar teuer werden, verdammt teuer sogar, aber wir schaffen es, wenn wir alle anpacken, ohne groß zu fragen, was es kostet, wir können es schaffen.«

Alle hätten zugepackt, ohne zu fragen, was es sie kostet. Jedenfalls fast alle. Weil sie die Vision erkannt hätten. Weil sie gespürt hätten, daß die, die das gesagt hätten, es ehrlich gemeint hätten, weil sie ihnen glaubwürdig gewesen wären. Dies war eine »Sternstunde«, wie Stefan Zweig es genannt hätte.

Statt dessen starrte unsere politische Führung auf die nächsten Wahlen und versprach, daß es allen Wählern, vor allem den neuen, in Zukunft besser gehen würde.

Natürlich wußten sie, daß das nicht stimmte, daß es nicht stimmen konnte. Wer heute etwas anderes sagt, der sagt nicht die Wahrheit. Aber sie sagten es trotzdem. Aus persönlicher Machtgier und Egoismus.

Die Wähler fielen darauf herein. Sie wählten so, wie die Regierenden es ihnen nahegelegt hatten. Als sie dann später merkten, daß man sie beschwindelt, daß man ihnen die Unwahrheit gesagt hatte, da begann hierzulande die Staatsverdrossenheit. Dies war der Anfang.

Seitdem hangeln sich unsere Politiker am dünnen Seil ihrer damaligen Feigheit weiter. Von einer »Erklärung« zur nächsten. Ohne einen Traum, den sie verwirklichen wollen. Ohne eine Vision. Getrieben nur vom Wunsch, an der Macht zu bleiben oder an die Macht zu kommen.

Inzwischen haben immer mehr Bürger das Spiel, in dem sie betrogen werden, durchschaut. Sie werfen den Politikern Feigheit und Unglaubwürdigkeit vor. Sie gehen nicht zur Wahl, weil sie den Worten der Politiker nicht mehr glauben. Oder sie wählen Radikale, vielfach nur, um die, die an der Macht sitzen oder in der Opposition hocken, dadurch zu bestrafen. Natürlich ist dies gefährlich. Aber wer sich enttäuscht fühlt und darüber zornig ist, der fragt danach oft nicht.

Viele Politiker reagieren auf solches Verhalten der Wähler

beleidigt. Sie werfen den Bürgern »politisches Fehlverhalten« und Undankbarkeit vor. Einige würden sie vermutlich am liebsten für ihr Verhalten bestrafen, etwa durch einen Bußbescheid für jeden, der nicht zur Wahl geht. Möglicherweise würden sie das sogar versuchen, wenn sie sicher sein könnten, daß das Bundesverfassungsgericht eine solche Strafe als »grundgesetzkonform« billigen würde. Da sie dessen jedoch nicht sicher sind, bleibt die Staatsverdrossenheit einstweilen straffrei. Und auch deshalb nimmt sie weiter zu.

■ Im Februar 1993 bekomme ich Besuch von einem französischen Kollegen. Er schreibt eine Artikelserie über Deutschland. Er hat vor ein paar Jahren, als Deutschland noch nicht vereinigt war, schon einmal eine geschrieben, die anschließend als Buch erschien.

In dem langen nächtlichen Gespräch, das wir führen, frage ich ihn, was nach seiner, also eines Ausländers Ansicht, die Hauptursache der wachsenden Staatsverdrossenheit in Deutschland ist. Seine Antwort kommt zögernd, fast als wollte er sich für sie entschuldigen.

»Vielleicht liegt es daran, daß viele Ihrer Politiker keine Patrioten sind – jedenfalls fällt das mir als einem Franzosen auf. Wir Franzosen sind wahrscheinlich zu patriotisch. Bei uns denken fast alle immer zuerst an Frankreich, selbst die Kommunisten. Ihre Politiker denken meist zuerst an ihre Partei, als wenn sie von der abhängig wären – jedenfalls ist das mein Eindruck.«

Diese Sätze sind mir im Gedächtnis geblieben. Nicht so sehr der fehlende Patriotismus, den mein Kollege unseren Politikern vorwarf. Sondern ihre angebliche Abhängigkeit von ihren Parteien.

Mit dem Patriotismus tun wir Deutschen uns schwer. Nicht nur unsere Politiker, sondern auch wir Bürger. Schon das Wort geht uns schwer über die Zunge. Allerdings ist das, wie ich meine, verständlich.

Deutschland ist sozusagen ein Nachzügler als nationaler Staat in Europa. Zusammen mit Italien. Während Spanien auf die Entdeckung der Neuen Welt, England auf die Entwicklung der Demokratie, Frankreich auf die große bürgerliche Revolution zurückblicken und darauf stolz sein konnte, existierte Deutschland als Staat noch gar nicht.

Und was wir für die Zeit nach 1871 aufzuweisen haben, nämlich zwei Weltkriege und das Dritte Reich, bietet ja auch nicht allzu viel Anlaß für Nationalstolz.

Für Deutsche ist Patriotismus deshalb, im Gegensatz etwa zu Spaniern, Engländern, Franzosen, nicht selten ein Problem. Ich halte das heute jedoch, im Gegensatz zu meinem französischen Kollegen, für nicht schlecht. Wie die Geschichte, vor allem auch die der jüngsten Gegenwart, zeigt, artet Patriotismus nur allzu leicht in Nationalismus aus. Und der ist für das angestrebte Zusammenwachsen Europas eher hinderlich als ein Vorteil.

Nachdenklich gemacht hat mich bei der Feststellung meines französischen Kollegen dagegen die angebliche Parteiabhängigkeit vieler unserer Politiker. Sie besteht nämlich tatsächlich, wie unzählige Beispiele fast täglich belegen. Sie wirkt sich naturgemäß negativ auf ihre Arbeit im Hinblick auf das Wohl der Bevölkerung wie des Staates aus. Und sie verärgert deshalb mit Sicherheit viele Bürger.

Daß die deutschen Parteien im Lauf der letzten Jahre sehr viele Fehler begangen und sich bei der Bevölkerung damit zunehmend unbeliebt gemacht haben, hat Bundespräsident Richard von Weizsäcker in seinem Buch zu diesem Thema in vorbildlicher Weise dargelegt. Dem ist kaum etwas hinzuzufügen. Und wenn die Parteien daraus nichts lernen, können sie sich nicht darüber beklagen, daß ihre Popularität im Lande ständig weiter sinkt.

Eine der Hauptursachen der wachsenden Staatsverdrossenheit hierzulande ist jedoch nicht nur das Fehlverhalten der Parteien, sondern vor allem und in viel stärkerem Maße die Abhängigkeit unserer Politiker von ihnen. Sie führt nämlich dazu, daß viele unserer Regierenden bei ihrem Handeln nicht so sehr das Wohl des Staates und seiner Bürger im Auge haben als vielmehr das Wohl ihrer Partei.

Warum das so ist, hat mein französischer Kollege mit gallischer Bosheit so formuliert:

»Viele Ihrer Politiker hätten es, bei allem Respekt, doch ohne ihre Partei höchstens zum Versicherungsvertreter oder zum Warenhausportier gebracht aber nicht zum Minister. Sie sind also auf ihre Partei einfach angewiesen!«

Zugegeben überspitzt. Aber im Tenor, wie ich meine, nicht ganz falsch. In der Tat ist bei nicht wenigen unserer Politiker nur schwer vorzustellen, daß sie es in der freien Wirtschaft in einer offenen Gesellschaft sehr weit gebracht hätten. Ihre erfolgreiche Karriere stützt sich somit weitgehend auf die Institution, die sie nach oben getragen hat. Das ist die Partei. Und wenn sie in ihren Macht, Einfluß und gute Gehälter sichernden Stellungen bleiben wollen, dann müssen sie dafür sorgen, daß ihre Partei erfolgreich und zugleich ihnen wohlgesonnen bleibt.

Diese Abhängigkeit hat übrigens gleichzeitig zur Folge, daß unabhängig Denkende und wirklich Leistungsfähige, die sich nicht gern Funktionären unterordnen, davor zurückscheuen, in die Politik zu gehen. Sie streben lieber nach Posten und Positionen, die ihnen selbständiges und selbstbestimmtes Handeln erlauben, und überlassen das Feld der Politik solchen, die sich mit der Unterordnung unter die Wünsche von Parteien und ihren Funktionären abfinden.

All das spielt sich heute in Deutschland ab. Die Justiz entscheidet in politisch heiklen Situationen, um die Politiker vor Unpopularität zu schützen. Und die Parteifunktionäre bestimmen den Kurs der Politik. Da sie sich vorsichtig im Hintergrund halten, kann sie niemand für das schelten oder gar zur Rechenschaft ziehen, was politisch geschieht.

Gelegentlich wird dies aber doch auch für den uniformierten Bürger erkennbar. So als der von seiner Partei zum Nachfolger des zurückgetretenen Jürgen Möllemann zum Wirtschaftsminister bestimmte Günther Rexrodt der Öffentlichkeit im Januar 1993 fröhlich erklärt, nach der Einigung seines Parteivorstandes auf ihn habe nun der Bundeskanzler die Übernahme des Amtes durch ihn nur noch zu »bestätigen«.

Den Bundeskanzler machte diese offenherzige Äußerung zornig. Aber nicht weil sie inhaltlich falsch gewesen wäre. Das war sie ja gar nicht. Die Funktionäre hatten entschieden, und die Politiker hatten diese hinter den Kulissen getroffene Entscheidung nun nur noch öffentlich zu exekutieren. Sondern er war zornig, weil der neue Minister das so offen ausgesprochen hatte. Damit hatte er nämlich die Öffentlichkeit informiert über etwas, was sie eigentlich gar nicht wissen sollte. Und das machte nun wieder die Bürger einmal mehr ärgerlich.

Vom Maßhalten

Es ist kurz vor Mitternacht. Der letzte Abend einer langen Reise. Fünf Wochen. Und acht Länder. Indien und Sri Lanka, das damals noch Ceylon hieß. Burma und Südvietnam, das damals noch ein eigener Staat war. Und am Ende Pakistan.

Die meisten Reiseteilnehmer sind schon zu Bett gegangen. Nur ein knappes Dutzend, die Hälfte davon Journalisten, sitzen noch in der offenen Halle des Gästehauses. Denn der »Chef« ist noch da. Ludwig Erhard. Der Bundeswirtschaftsminister.

Er spricht leise, fast als rede er zu sich selbst.

»Was wir hier zu hören gekriegt haben in den fünf Wochen, was die hier alles von uns Deutschen erwarten – da merkt man erst, was wir bei uns zu Hause geschafft haben. Die Bundesrepublik ist eine richtige Lokomotive geworden, die ganz schön unter Dampf steht.«

Und nach einem langen Zug aus seiner geliebten Zigarre setzt er nachdenklich hinzu:

» . . . aber wenn man die Armut hier sieht und unseren Wohlstand zu Hause, den wir schon wieder haben, dann müssen wir aufpassen, daß wir das Tempo bei uns nicht überdrehen, daß wir Maß halten.«

Ich habe mir das Wort damals notiert. Denn ich hörte es von ihm zum ersten Mal. Das nächtliche Gespräch in Karachi liegt inzwischen über drei Jahrzehnte zurück.

Fünf Wochen waren wir damals mit dem Vater des Wirtschaftswunders unterwegs. Acht Beamte aus seinem Ministerium, acht Bundestagsabgeordnete und acht Journalisten. In einem Flugzeug. Von Neu-Delhi nach Seoul und von Rangoon nach Karachi. Da schmilzt allmählich die Distanz, die sonst oft zwischen den Handelnden und den Beobachtenden besteht. Die Gespräche werden offener. Auch Erhard sagt zuweilen, was er wirklich denkt. Obwohl Journalisten dabei sind. Denn er kennt sie ja inzwischen.

Ein paar Jahre später wurde Ludwig Erhard Bundeskanzler. Damals sprach er dann öffentlich und offiziell aus, was ihm am Ende unserer Reise durch Südostasien in den Sinn gekommen war, daß man auch bei durch Fleiß und Arbeit redlich verdienten Erfolgen Maß halten müsse. Weil es sonst schwierig würde, den rasanten Anstieg des Wohlstandes, den die Erfolge mit sich brachten, zu verkraften. Weil man durch sie allzu leicht verwöhnt und dadurch zu anspruchsvoll würde.

Aber als er es dann in Bonn laut und ganz offiziell sagte, als Forderung an alle, da mochte es niemand hören. Weder die, die schon wohlhabend waren, noch die, die es erst werden wollten. Und vor allem die mit ihm Regierenden nicht. Denn es war doch so angenehm, an die Bürger Geschenke zu verteilen. Es machte den Umgang mit ihnen so viel leichter und zahlte sich bei den Wahlen immer wieder aus. Es machte einen bei der Bevölkerung so schön populär.

Wer in einer Demokratie an der Macht bleiben will, der muß bei der Bevölkerung beliebt sein, damit sie ihn wiederwählt. In der Diktatur ist das anders. Da kann man Gewalt anwenden. Gewalt nach innen und auch Gewalt nach außen. Stalin und Hitler haben das, für jeden deutlich erkennbar, vorexerziert. Aber in der Demokratie sind die Regierenden auf das Wohlwollen der Bürger angewiesen. Denn die sind ja ihre Wähler.

Und ihr Wohlwollen gewinnt man am leichtesten durch Geschenke. Das behaupten jedenfalls die meisten Politiker. Und deshalb verteilen sie, jedenfalls wenn Wahlen herannahen, wenn irgend möglich sogenannte Wahlgeschenke, um sich die Wähler »geneigt« zu machen.

Am besten eignen sich dafür Steuersenkungen und Subventionen. Steuersenkungen für die Reichen, die schon etwas haben oder gut verdienen und das versteuern müssen. Und Subventionen für die, denen es weniger gut geht oder die richtiggehend arm sind, aber auch etwas vom Wohlstandskuchen abhaben möchten. Also Arbeitslose und Rentner. Aber auch Unternehmen in Branchen, deren Produkte gerade nicht gefragt sind, die niemand kaufen will, weil sie zum Beispiel zu teuer sind.

Sie bekommen »finanzielle Erleichterungen«. Oder Zuschüsse. Oder auch einfach mehr Geld für den Lebensunterhalt. Bezahlt wird das vom Staat. Das heißt natürlich vom Steuerzahler. Im Grunde beschenken die Bürger also sich selbst. Aber die meisten merken das nicht. Denn es sind ja nicht sie, die über die Staatseinnahmen verfügen. Sondern es ist die Regierung. Also die Politiker. Sie verteilen die Geschenke. Und die sie bekommen, die loben sie dafür und wählen sie bei der nächsten Wahl wieder.

Auch Ludwig Erhard, der Vater des deutschen Wirtschaftswunders, hat das so gemacht. Wer sich damals ein Haus baute, der bekam Zuschüsse von der Öffentlichen Hand, und er konnte einen Teil seiner Baukosten von der Steuer absetzen. Dadurch kam er oft überhaupt erst in die Lage, sich ein Haus zu bauen.

Aber das half auch der damals vielfach noch lahmenden Bauindustrie auf die Beine. Die stellte daraufhin Arbeiter ein. Und die Arbeiter wie die Unternehmer zahlten Steuern an den Staat. Dessen Einnahmen stiegen dadurch, so daß er höhere Zuschüsse und höhere Renten und mehr Subventionen zahlen konnte.

Das System war so erfolgreich, daß die Regierenden sich sehr schnell daran gewöhnten. Denn es machte sie ja populär. Und weil es so erfolgreich war, übernahm es die Opposition, als sie schließlich an die Macht kam. Daher stieg die Zahl der Zuschußempfänger, der irgendwie Subventionierten, ständig weiter.

Zur Bauindustrie kamen die Reedereien und die Landwirtschaft; und der Lokomotivführer wie der Bergmann erhielten Sonderzuschläge für ihre anstrengende oder verantwortungsvolle Tätigkeit. Für die Ansprüche der einen kämpften die Gewerkschaften und der Beamtenbund, für die der anderen die Lobbyisten. Und da die jeweils Regierenden sich das Wohlwollen ihrer Wähler erhalten wollten, zahlten sie brav weiter, oder richtiger, ließen sie die Bürger brav weiter zahlen.

■ Das System ist längst keine deutsche Spezialität mehr. Es ist auch nicht auf Europa beschränkt. Selbst in der Dritten

Welt, deren Staaten nicht viel zu verteilen haben, weil meist nur wenige Bürger dort Steuern zahlen, sind jene Politiker, die sich nicht allein mit brutaler Gewalt an der Macht halten wie einst Pinochet in Chile und wie Mobutu in Zaire, dazu übergegangen. Wie etwa in Argentinien.

Wer im Winter 1993 durch die Straßen der argentinischen Hauptstadt Buenos Aires schlendert, stößt alle paar Meter auf einen Bettler. Und jeden Mittwoch trifft er auf Hunderte von Rentnern, die zur Plaza del Congresso im Herzen der Stadt marschieren, um dort gegen die Regierung zu demonstrieren. Denn die Läden sind zwar voll. Aber die Preise sind inzwischen so hoch, daß die Renten kaum noch ausreichen, um ihre Empfänger vor dem Hunger zu schützen.

Gleichzeitig sind die Badeorte an der Küste im Sommer trotz der ebenfalls hohen Preise dort ausverkauft. Und für die Flugzeuge nach Europa oder in die USA sind während der Ferienzeit kaum Plätze zu bekommen. Von den 35 Millionen Argentiniern leben zehn Millionen unterhalb der Armutsgrenze. Aber anderthalb Millionen verbrachten im abgelaufenen Jahr ihren Urlaub im Ausland, vornehmlich in Europa oder in den USA. Und 12.000 Dollar für einen vierwöchigen Ferienaufenthalt für die Familie auszugeben, hält ein kleiner Fabrikant oder ein guter Rechtsanwalt nicht für zu viel.

Dabei sind die Straßen überall voller Löcher. Wegen der verrottenden Gleise und Signalanlagen können die Untergrundbahnzüge in der Hauptstadt ihren Fahrplan nicht einhalten. Und in den Verwaltungen der Universitäten reicht das Geld nicht einmal zum Kauf der fehlenden Bleistifte und Kugelschreiber.

Aber in den Lebensmittelläden der Innenstadt steht bester schottischer Whisky neben feinstem französischen Käse. Den Autohändlern werden die neuesten Luxusmodelle aus den Händen gerissen. Und jede Woche macht irgendwo ein neuer, noch eleganter ausgestatteter Supermarkt auf.

»Die Preise sind hoch, aber die Stimmung ist gut«, behauptet der ehemalige argentinische Finanzminister und Herausgeber des »Argentinischen Tageblatts« Roberto Aleman zufrieden, »Argentinien ist endlich wieder kreditwürdig«.

Der Lateinamerika-Korrespondent der ZEIT, Carl Goerdeler, stellt dagegen am 1. Januar 1993 warnend fest: »Niemals zuvor hat es in Argentinien so viele Arme und so viele Millionäre gegeben.«

Der Staat ist pleite. Trotzdem kurbelt er mit Aufträgen, Zuschüssen und Subventionen die Wirtschaft an. Und die damit Bedachten revanchieren sich dafür. Da der Wirtschaftsminister mit seinem Gehalt nicht auskommt, erhält er von privaten Industrieunternehmern das Dreifache dieses Betrages als Geschenk, für das er sich in der von ihm erwarteten Art und Weise bedankt – durch weitere Zuschüsse und Subventionen vom Staat.

An solche Zuwendungen vom Staat gewöhnen die damit Bedachten sich schnell. Das gilt nicht nur für die Reichen, sondern auch für die Armen. Nach Ende des Zweiten Weltkrieges führte Präsident Juan Peron eine staatliche Sozialversicherung für die »Descamidados«, die »Hemdlosen«, also die Unterprivilegierten der Gesellschaft, ein, die ihn an die Macht gebracht hatten. Auf diesen »Besitzstand« haben die Bedachten auch unter den späteren Militärregimen, als es dem Staat finanziell schlecht ging, nicht verzichtet. Und selbst die Generale wagten nicht, ihnen dieses Geschenk wieder zu nehmen.

Als dem Staat die Kosten über den Kopf wuchsen, rettete er sich schließlich in eine astronomische Inflation. Das ruinierte nicht nur die Währung, sondern trieb den Staat fast in den Bankrott.

Die 1989 gewählte, offiziell als »peronistisch« geltende Regierung unter Präsident Carlos Menem geht im Prinzip den gleichen Weg staatlicher Zuwendungen, um sich die Gunst der Wähler zu sichern. Nur sind diesmal die Bedachten nicht wie vor vier Jahrzehnten die Armen, sondern die Wohlhabenden. Der Präsident folgt damit dem seit Zerfall der Sowjetunion weltweit herrschenden Trend: Die finanziellen Gaben des Staates gehen vor allem an die Unternehmer in der Hoffnung, durch die staatlichen Subventionen die Wirtschaft anzukurbeln, so daß sie produktiver wird, mehr Arbeiter einstellt, mehr Steuern abführt und dadurch den Staat zahlungskräftiger macht.

Ludwig Erhard gelang dies, zumindest für eine geraume Zeit. Ob es den Argentiniern unter Carlos Menem gelingt, bleibt abzuwarten. Es hängt nicht zuletzt davon ab, ob und inwieweit sie sich dem sie beschenkenden Staat verpflichtet fühlen. Verwenden sie dagegen die empfangenen Gelder vornehmlich zur Mehrung des eigenen Privatvermögens, wie das in Lateinamerika besonders verbreitet ist, gerät der Staat durch seine Gaben erneut in finanzielle Nöte.

Geschenke zu verteilen ist leicht. Fast jeder nimmt gern, was ihn nichts kostet. Aber die meisten gewöhnen sich sehr rasch daran und betrachten solche Zuwendungen dann als ihnen zustehenden »Besitzstand«. Und ihnen den wieder zu nehmen, ist schwierig.

In den riesigen Elendsvierteln der argentinischen Hauptstadt wird die verstorbene Frau des ehemaligen Präsidenten, Evita Person, die die treibende Kraft hinter den Sozialreformen ihres Mannes war, heute wie eine Heilige verehrt. Und je höher die Preise steigen, und je offener die vom Staat bedachten Wohlhabenden ihren Wohlstand zur Schau stellen, während der Staat seine den Armen gegenüber eingegangenen Verpflichtungen nicht mehr im ursprünglich vorgesehenen Ausmaß erfüllen kann, desto größer und gefährlicher wird das sich dort ansammelnde Konfliktpotential.

■ Zwei kurze Dialoge, wie man sie in Deutschland heute täglich hören kann. Das eine führen zwei Kunden an einer Tankstelle im Raum von Hamburg.

»Jetzt wollen die in Bonn schon wieder die Benzinsteuer erhöhen.«

»Und dazu kommt die Gebühr für die Autobahn.«

»Angeblich alles, um die Bundesbahn zu sanieren!«

»Dabei fahre ich Auto und nicht mit der Bahn!«

»Die Bahn ist ja inzwischen auch ganz schön teuer.«

»Aber warum soll ich dafür zahlen?«

»Außerdem, wer weiß, ob die Bahn das Geld wirklich kriegt? Wahrscheinlich stecken das wieder die Politiker für ganz was anderes ein.«

Das zweite Gespräch führen in einem Münchner Bierkeller ein Einheimischer und ein Norddeutscher, der die Einladungen des Flugzeugfabrikanten Grob an Politiker moniert.

»Also ich finde das einfach nicht richtig, daß die Unternehmer Politiker einladen.«

»Das machen doch heute alle.«

»Aber daß die Politiker das annehmen!«

»Das machen auch alle – es kommt nur nicht immer raus.«

»Und daß der Staat dann als Dank für den so ein Flugzeug bauen läßt, das gar keiner haben will.«

»Das bringt wenigstens Arbeitsplätze!«

»Aber das Geld dafür zahlen wir!«

»Wir zahlen sowieso alles, der Staat wird jeden Tag teurer.«

»Die Politiker auch!«

»Die machen den Staat ja so teuer!«

Der Staat muß gelegentlich helfen. Auch in einer kapitalistischen, oder wie es heute heißt, in einer freien Marktwirtschaft. Die Eisenbahn zum Beispiel kann sich nicht selbst sanieren. Aber darauf verzichten können Gesellschaft und Wirtschaft auch nicht. Folglich muß der Staat helfend eingreifen. Und wenn es ihm an Mitteln dafür fehlt, muß er sich die eben durch Gebühren oder Steuererhöhungen beschaffen.

Wenn ein Unternehmer, der Flugzeuge oder Autos oder Eisenbahnwaggons baut, Aufträge braucht, um seine Arbeiter zu beschäftigen und Geld zu verdienen, muß er sich um solche bewerben und Angebote machen. Wenn er damit keinen Erfolg hat, sinken seine Gewinne, oder er geht pleite. So ist das nun mal in der freien Marktwirtschaft.

Politiker nach Brasilien oder in die Karibik einladen, damit die ihm als Dank dafür kraft ihres politischen Einflusses staatliche Aufträge oder Subventionen aus der Staatskasse verschaffen, sollte er eigentlich nicht. Denn das ist Bestechung. Und wenn man ihn dabei erwischt, wird er gemäß § 333 Strafgesetzbuch bestraft.

In kommunistischen Ländern ist das anders. Da gehören die Unternehmen dem Staat. Ihre Manager sind also Staatsangestellte genau wie die Politiker im Grunde auch. Da handelt der Einladende somit letztlich im Interesse des Staates, wenn er so etwas tut, weil der Betrieb, um den er sich bemüht, ja dem Staat gehört.

In der Demokratie sollte sich der Politiker nicht einladen lassen und dem Einladenden dann zum Dank Staatsaufträge oder Subventionen verschaffen. Denn da gehört der Betrieb, der beschenkt wird, nicht dem Staat, sondern einem Privateigentümer. Der Politiker verschenkt also Geld des Staates, das er ja nur verwaltet, an einen Privatmann und betrügt somit die Steuern zahlenden Bürger.

Subventionen, also Staatsgeschenke, gehören im Prinzip eigentlich überhaupt nicht in die freie Marktwirtschaft, es sei denn, sie sind notwendig, um das Land und seine Bürger vor einem Schaden für alle zu bewahren. Aber das kommt verhältnismäßig selten vor. Gewiß nicht bei Flugzeugfabrikanten. Und auch nicht bei Landwirten, deren Obst und Gemüse der Staat auf Kosten der Steuerzahler vernichten läßt, damit die Obst- und Gemüsepreise hoch bleiben. Das letztere ist zwar nicht gesetzeswidrig, dafür haben die Politiker auf Veranlassung der Lobbyisten der europäischen Landwirtschaft gesorgt. Aber es ist in höchstem Maße unmoralisch, besonders in einer Welt, in der alljährlich Millionen Kinder sterben, weil sie kein Gemüse und kein Obst bekommen.

Der Bürger sieht all das und fühlt sich von der Obrigkeit wieder einmal hinters Licht geführt.

Wir Konsumbürger

Sommer 1992. Ein Traumsommer. Jeden Tag strahlt die Sonne vom Himmel. Nord- und Ostsee sind so warm, daß auch sonst fast immer Fröstelnde ohne Zögern ins Wasser gehen. Und die Berge im Süden sind so klar, daß man meint, sie mit den Händen greifen zu können.

In den Ferienorten von Sylt bis Garmisch-Partenkirchen strahlen Gäste, Wirte und Gemeindeväter. Und wer keinen Urlaub hat, fährt wenigstens zum Wochenende in die Berge oder an die See. Jeden Freitag nachmittag sind die Autobahnen daher vollgestopft. Und die schwitzenden Fahrer wie Beifahrer schimpfen auf die »blöden Idioten«, die ausgerechnet zur gleichen Zeit ins Wochenende fahren müssen, zu der man selber fährt. Und natürlich auf die Regierung.

Die Autobahn Hamburg-Lübeck gehört im Sommer zu den beliebtesten Staustrecken Deutschlands. Halb Hamburg fährt dann zum Wochenende an die Ostsee. Im Süden fahren die Münchner zum Wochenende in die Berge. Am liebsten ins benachbarte Österreich. Auf der Autobahn nach Salzburg. Auch da folgt dann ein Stau dem anderen. Und auch da schimpfen die Schwitzenden. Auf die »Deppen«, die vor, neben oder hinter ihnen fahren. Und auch hier natürlich auf die Regierung. Weniger auf die in München als auf die in Bonn, vor allem auf den Bundesverkehrsminister.

Weil zum Beispiel die Autobahn so schmal ist. Weil sie nicht vier oder fünf oder sechs Spuren hat. In Amerika gebe es so was schon längst, behaupten meist gerade solche, die noch nie in Amerika waren. Daß es dort eine Tempobeschränkung auf den Autobahnen gibt, erwähnen sie natürlich nicht. Oder sie kritisieren, daß man nicht schon längst eine zweite Autobahn gebaut hat. Zur Entlastung. Um etwas mehr Platz für die Autofahrer zu schaffen, damit die nervenaufreibenden Staus endlich aufhören.

Viele sind, wenn man sie außerhalb eines Wochenendstaus trifft, ganz einsichtige und vernünftige Leute. Sie sehen manchmal sogar durchaus ein, daß eine zusätzliche

Spur oder gar eine weitere Streckenführung auf Dauer auch nicht hilft. Daß sie, im Gegenteil, nur die Landschaft noch mehr zerstört, von der Luftverschmutzung und den sonstigen Nachteilen einmal ganz abgesehen.

In München oder Hamburg, in Frankfurt, Düsseldorf, Stuttgart oder Bremen strömen jeden Werktagmorgen Zehntausende, Hunderttausende, Millionen von Menschen über die jeweiligen Autobahnen in die Städte. Sie suchen dort Parkplätze, verstopfen die Straßen, behindern den sogenannten fließenden Verkehr – und schimpfen. Auf den Magistrat, auf die Regierung, auf die Politiker, die »nichts tun«, um das zunehmende Chaos endlich zu beseitigen und das seit Jahren sich verschärfende Problem endlich zu lösen.

Viele wohnen in Vororten mit Anbindung an eine Schnell- oder Untergrundbahn. Aber die meisten benutzen sie nicht. Weil es mit dem eigenen Auto angeblich bequemer ist, besonders wenn man etwas einkaufen oder noch weiterfahren will.

Nicht wenige von ihnen geben sogar zu, daß es so auf die Dauer nicht weitergehen kann, daß etwas getan werden muß, sollen wir nicht alle in unserer Autogesellschaft ersticken. Aber sie sagen: »Es muß etwas getan werden.« Kaum einer sagt: »Wir müssen etwas tun.« Und wenn man nachfragt, wer denn das, was da nötig ist, veranlassen soll, kommt nach kurzem Überlegen fast immer die Antwort: »die Behörde« oder »der Staat«.

Daß viele Politiker die Bürger verdrossen und manchmal sogar zornig machen, weil sie den Bürgern nicht die Wahrheit sagen, weil sie Entscheidungen nicht aus sachlichen Gründen treffen, sondern mit Rücksicht auf persönliche Vorteile oder Wünsche ihrer Partei, ist verständlich. Verständlich ist auch, daß Ärger und Verdruß sich oft nicht nur gegen sie, sondern auch gegen den Staat richten, den sie ja verwalten und in Wahrheit nicht selten für sich benützen. Aber mit schuld an dem Ärger, Zorn und Verdruß sind auch wir Bürger selbst.

Wir überfordern nämlich unseren Staat. Und zwar ständig. Für viele Bürger ist der Staat heute eine Institution, deren Aufgabe vor allem darin besteht, die privaten, persönlichen Bedürfnisse der Bürger zu erfüllen. Und zwar nicht nur ihr Bedürfnis nach Gerechtigkeit, Sicherheit, Ordnung und – in Maßen – nach persönlicher Freiheit. Sondern auch, und das in jüngster Zeit in wachsendem Maße, ihr Konsumbedürfnis.

Zu dem, was wir von unserem Staat erwarten und fordern, gehört heute nicht mehr nur der Schutz des Lebens, Schutz vor Hunger, Obdachlosigkeit und Krankheit sowie Sicherung der Erziehung unserer Kinder. Sondern die meisten von uns erwarten und fordern von ihm heute vielfach auch, daß er unseren Lebensstandard sichert. Und dazu gehört unter anderem freie und zügige Mobilität im eigenen Auto durch das ganze Land, eine komfortable und finanziell erschwingliche Wohnung, Freizeit, vielfach auch schon Urlaub. Für all das soll der Staat sorgen durch Gesetze und Verordnungen, Zuschüsse und Subventionen, Regelungen, Maßnahmen wie auch Zahlungen – fast jeglicher Art.

Geradezu ein Paradebeispiel für diese Ansprüche ist die berühmte, von Millionen Bürgern erhobene Forderung nach »freier Fahrt für freie Bürger«. Nicht wenige betrachten den Anspruch darauf, so scheint mir, schon fast als eine Art Grundrecht. Deshalb verlangen sie vom Staat, daß er dafür sorgt. Und damit überfordern sie ihn.

Wer heute nach Zürich in der Schweiz kommt, der wird feststellen, daß die Masse der Bürger dort, und zwar nicht nur Arbeiter und kleine Angestellte, sondern auch Bankdirektoren und einflußreiche Industrielle, mit der Trambahn, der in Deutschland im Zuge des angeblichen technischen Fortschritts vielerorts schon vor Jahren abgeschafften »Elektrischen« in die Stadt fährt.

Ich habe einen Züricher Rechtsanwalt einmal gefragt, warum er das tut und wie er sich dabei vorkommt.

»Zuerst kam ich mir schon etwas komisch vor«, gab er mir zu, »ich bin früher immer mit dem Auto gefahren, weil es bequemer war. Aber dann machte die Stadt aus dem Platz, auf dem ich zu parken pflegte, eine Grünanlage, und die Fahrt dauerte immer länger, weil die Tram überall Vorfahrt bekam.«

Und so stieg er schließlich um. Wie die meisten seiner Nachbarn. Aber nicht nur weil die Autofahrt immer länger dauerte und es immer schwieriger wurde, einen Parkplatz zu finden. Sondern auch weil die Benutzung der Trambahn, wie er es ausdrückte, für ihn zu einer Art »Bürgerpflicht« wurde.

»Wenn wir das nicht tun, machen wir unsere Stadt kaputt, die Luft und die Straßen und alles andere auch. Und das will ich nicht. Und die anderen auch nicht.«

Inzwischen hat die Stadtverwaltung dafür gesorgt, daß die Tram häufiger und schneller fährt, indem sie ihr auf den Straßen Vorfahrt verschafft hat. Und auch die Wagen sind bequemer geworden.

Zuerst hatte sich die Stadtverwaltung dagegen gewehrt mit dem Argument, das würde zu teuer. Und Geschäftsleute hatten versucht, Druck in die gleiche Richtung auszuüben, weil sie Verdienstausfälle befürchteten.

»Aber die Bürger haben es durchgesetzt, weil sie plötzlich begriffen, was es für uns alle bedeutet. Und schließlich sind wir doch die Stadt und nicht die Herren und Damen von der Verwaltung. Also haben die auch auf uns zu hören, jedenfalls wenn es um Dinge geht, die für uns alle gut sind und nicht nur für Einzelne oder eine Gruppe.«

In Zürich haben es die Bürger jedenfalls geschafft. Aber vielleicht versteht man die Demokratie in der Schweiz ja auch etwas anders als bei uns.

Als ich ein paar Monate nach meinem Züricher Gespräch einen Hamburger Ratsherrn fragte, ob es die Verkehrssituation der Hansestadt nicht erleichtern würde, wenn man die unüberlegt abgeschaffte Straßenbahn wieder einführen würde, mochte er das zwar nicht unbedingt bestreiten, setzte aber hinzu:

»So was kriegen wir hier nie durch. Das machen die Bürger nicht mit. Von denen will jeder, jedenfalls fast jeder, mit seinem Auto fahren. Das gehört heute bei uns zum Besitzstand.«

Wahrscheinlich hat er recht. Aber wenn dem so ist, sind nicht die Politiker allein hierzulande an der Staatsverdrossenheit schuld, sondern auch wir Bürger.

■ In kommunistisch regierten Ländern ist der Staat entsprechend der marxistischen Doktrin verpflichtet, in jeder Hinsicht für seine Bürger zu sorgen. Er läßt für sie Häuser bauen und Autos produzieren, er setzt ihre Löhne und Gehälter fest, er bestimmt das Lehrprogramm der Schulen, entscheidet, was gedruckt werden, wer ins Ausland reisen und wer wann und wo Urlaub machen darf.

In Deutschland wie in den Demokratien, die sich ebenfalls zum System der freien Marktwirtschaft bekennen, ist es grundsätzlich Sache des Einzelnen, für sich zu sorgen. Er entscheidet, welchen Beruf er ergreift, wohin er reisen, wofür er sein Geld ausgeben will. Er kann nach Miami fliegen oder sich einen Rolls-Royce kaufen, wenn er das Geld dazu hat. Und wenn er in einem düsteren Hinterzimmer mit einem Blick auf eine Müllkippe haust, weil er die Miete für ein geräumiges Apartment in einer modernen Villa nicht bezahlen kann, ist das ebenfalls seine Sache.

So ist es jedenfalls theoretisch. Aber wenn in der Praxis Stahlwerke Arbeiter entlassen und Hochöfen still legen müssen, weil sich Stahl aufgrund der weltweit gesunkenen Nachfrage nicht mehr in genügender Menge verkaufen läßt, dann fordern Arbeitgeber wie Arbeitnehmer ein Eingreifen des Staates. Landwirte und Bauern werden nicht nur in Deutschland, sondern in ganz Europa seit Jahrzehnten vom Staat subventioniert, weil sie mit den Preisen, die sie auf dem freien Markt erzielen, nicht zurecht kommen. Wenn Wohnungen fehlen, verlangen die Bürger vom Staat, daß er Sozialwohnungen baut. Wenn wegen der Wohnungsknappheit die Mieten steigen, fordern die Bürger Mietsteigerungsbegrenzungen durch den Staat. Und natürlich soll der Staat auch die Lebensmittel kontrollieren, damit die Bürger nicht krank werden.

Solche Fürsorge entspricht dem Prinzip der »sozialen Marktwirtschaft«, einem vernünftigen Mittelweg zwischen der hemmungslosen Gewinngier eines uneingeschränkten und unkontrollierten Kapitalismus und kommunistischer Regelungs- und Anordnungswut. Der Staat dirigiert seine Bürger nicht. Er mischt sich grundsätzlich nicht in ihr Privatleben ein. Aber er beschützt sie vor Not. Er sorgt dafür, daß sie nicht – wie in Moskau oder New York – auf der Straße verhungern oder erfrieren. Er ist aufgrund seiner Konzeption verpflichtet, ihr Überleben zu sichern. Wohlgemerkt ihr Überleben – nicht ihren Lebensstandard.

Doch genau hier entsteht das Problem. Den Obdachlosen, der im Winter unter einer Brücke haust, hat der Staat vor dem Erfrieren oder Verhungern zu schützen. Aber wo beginnt in einer Wohlstandsgesellschaft wie der deutschen die Fürsorgepflicht?

Millionen deutscher Bürger fordern vom Staat finanzielle Unterstützung für sich, für die Heilung ihrer Krankheit, für die Erziehung ihrer Kinder, für ihre Behausung oder ihren Betrieb. Und sie berufen sich dabei immer häufiger nicht auf tatsächliche Not, sondern auf das Prinzip gesellschaftlicher Gerechtigkeit.

Es sei zum Beispiel nicht gerecht und daher nicht hinzunehmen, daß Bauern Verdiensteinnahmen hinnehmen müßten, während gleichzeitig die Einkünfte von Handwerkern, Fabrikanten oder Facharbeitern stiegen, erklären die Sprecher des Bauernverbandes und fordern deshalb finanzielle Unterstützung vom Staat. Die Reeder verlangen mit dem Hinweis auf die weltweite Konkurrenz das gleiche. Auch Studenten bezeichnen es als ungerecht und daher untragbar, daß einige von ihnen mit weniger Geld auskommen sollen als manche Lehrlinge, und beanspruchen deshalb staatliche Unterstützung.

Hier geht es häufig nicht um staatlichen Schutz vor konkreter Not. Sondern gefordert wird ein Eingreifen des Staates zur Sicherung absoluter sozialer Gerechtigkeit. Und damit wird der Staat vor allem deshalb überfordert, weil sich in einer Wohlstandsgesellschaft wie der unseren der Maßstab für die Hilfs- oder Interventionspflicht des Staates immer weiter nach oben verschiebt.

Dabei kommt dann der Besitzstand ins Spiel. Wer einen gewissen Lebensstandard erreicht hat, will diesen nicht nur selbst erhalten, sondern verlangt, wenn ihm das aus irgendwelchen Gründen nicht gelingt, ein Eingreifen zu seinen

Gunsten vom Staat. Denn er hat seinen Wohlstand ja mit Fleiß und Mühe und viel Anstrengung in diesem Staat erarbeitet. Also steht der ihm nach seiner Ansicht auch zu.

Er hat, so die heute verbreitete landläufige Meinung, einen Anspruch darauf. Einen Anspruch gegen den Staat als dessen Bürger. Erfüllt der Staat diesen Anspruch nicht, wird er dafür kritisiert. Denn Millionen deutscher Bürger betrachten ihren Staat als Wohlstandsgaranten. Und hier beginnt der circulus vitiosus.

Der Waschmaschinenfabrikant, der laufend Waschmaschinen fabriziert, obwohl diese auf dem Mark nicht mehr absetzbar sind, der Bauer, der Schweine mästet, obwohl die Bürger nicht noch mehr Schweinefleisch essen mögen, genau wie die Reeder und die Stahlkocher und all die anderen, die ihre Produkte nicht mehr los werden, kommen trotz freier Marktwirtschaft zum Staat und fordern Hilfe.

Zur Begründung sagen sie nicht: Ich habe falsch kalkuliert. Sondern sie sagen: Hier ist ein Wirtschaftszweig gefährdet, der erhalten werden muß, weil Deutschland ohne eigene Steinkohle, eigene Werften, selbst erzeugtes Schweinefleisch und mehr Lehrer für seine Schulen angeblich nicht überleben kann.

In den Ruf stimmen dann Millionen Bürger ein. Genau wie in den Ruf nach mehr Autobahnen, schnelleren Flugzeugen und freier Fahrt für freie Bürger. Und wer für all das zu sorgen hat, ist nach Ansicht der meisten Fordernden der Staat.

Der aber gerät dabei in einen Teufelskreis. Denn der steigende Wohlstand schiebt den Interventionspunkt für die angebliche staatliche Hilfspflicht immer höher. Das erfordert ständig neue Gesetze. Die ziehen automatisch eine weitere Aufblähung der Verwaltung nach sich. Die verlangt noch mehr Beamte. Und der aufgeblähte Verwaltungsapparat schirmt gleichzeitig die Politiker gegenüber den Bürgern ab und nimmt ihnen dazu noch die Verantwortung für ihre Fehler ab.

Außerdem steigen die Kosten. Denn je größer der angeblich vom Staat zu schützende Besitzstand des Einzelnen ist, desto teurer werden die dafür aufzuwendenden Schutzmaßnahmen des Staates. Um diese bezahlen zu können, muß aber die Wirtschaft mehr verdienen und somit weiter wachsen. Daraus entsteht am Ende die heute bereits allenthalben hörbare Forderung der Bürger nach einer Art staatlicher Wachstumsgarantie.

Der zunehmende Informationsfluß wie die immer aktiver argumentierende und motivierende Werbebranche überfluten den Einzelnen gleichzeitig mit ständig weiteren Wünschen und Wunschvorstellungen, denen die meisten sich ungehemmt hingeben. Denn da die Politiker ja ihre Wähler bei der Stange zu halten versuchen, widersprechen sie ihnen nach Möglichkeit nicht, sondern versprechen ihnen die Erfüllung der Wünsche. Und erst wenn diese auf Grund der begrenzten Mittel nicht erfüllt werden können, kritisiert der enttäuschte Bürger zunächst sie und dann den Staat.

Hinzu kommt schließlich noch die Frage der Machbarkeit. Der wissenschaftliche Fortschritt macht immer mehr früher kaum Vorstellbares machbar. Die Medien informieren darüber. Und der derart informierte, angeblich mündige Bürger verlangt verständlicherweise die Verwirklung des derart Machbaren.

Gleichzeitig fordert er, um vor Schaden geschützt zu werden, daß der Staat das nunmehr Machbare und daher auch Gemachte kontrolliert. Wenn amerikanische Wissenschaftler vitaminreichere und nicht faulende Äpfel entwickeln, sollen diese auf den Markt kommen, damit er sie kaufen kann, aber der Staat soll gleichzeitig dafür sorgen, daß niemand durch ihren Verzehr Schaden nimmt, und sie dementsprechend kontrollieren.

Oder, um zum geliebten Auto zurückzukehren: Natürlich wollen die mündigen Bürger möglichst schnelle und komfortable Autos und uneingeschränkt freie Fahrt für sie, aber zugleich auch niedrige Bezinpreise, keine Luftverschmutzung und Sicherheit auf den Straßen. Das alles aber vom Staat besorgt, ohne zusätzliche Kosten.

Wenn das nicht funktioniert, wenn die Straßen verstopft sind oder wenn wegen Lehrermangels Schulstunden ausfallen, wenn wegen ungenügender Aufträge Arbeiter entlassen werden oder wegen hoher Schulden die Steuern erhöht werden müssen, dann versagt nach Ansicht vieler Bürger der Staat. Dann leisten die Politiker und die Beamten schlechte Arbeit. So einfach ist das.

Ganz ohne Schuld, wie viele von uns glauben, sind wir Bürger an der wachsenden Staatsverdrossenheit eben auch nicht.

▇ Der amerikanische Tourist aus Los Angeles, der auf dem Flughafen von Bogota an der Zollkontrolle vor mir steht, schimpft auf den Zollbeamten, der ihn seinen Koffer öffnen läßt. Daß ausgerechnet einer dieser »Rauschgiftproduzenten«, wie er die Kolumbianer tituliert, einen Bürger der USA auf diese Weise schikaniere, wo diese Kerle doch die Kinder der amerikanischen Bürger mit ihrem Rauschgift vergifteten, empfindet er als Unverschämtheit.

Es kommt zu einer Auseinandersetzung. Der Kolumbianer erwidert, die jungen Yankees brauchten das Gift ja nicht zu nehmen, niemand zwinge sie dazu. Der Nordamerikaner widerspricht. Es sei Sache des kolumbianischen Staates, den Anbau dieser Giftpflanze zu verhindern, doziert er. Und auf die Gegenfrage seines Kontrahenten, wovon die kolumbianischen Bauern dann leben sollten, wenn sie keine Cocapflanzen mehr anbauen und verkaufen dürften, erwidert er herablassend:

»Dann müssen sie eben mehr Kaffee anbauen, der ist nicht giftig, und den können sie verkaufen, ohne jemand damit zu schaden, auch an die USA!«

Daß die Bauern Lateinamerikas vom Kaffeeanbau wegen der aufgrund der Kaffeeschwemme extrem niedrigen Kaffeepreise auf dem Weltmarkt nicht leben können, erwähnt er nicht.

Damals ging es um Kaffee. Ein paar Jahre später geht es bei uns um Bananen. Die Brüsseler Bürokraten haben für alle Mitgliedstaaten der EG die Erhebung von Zöllen auf Bananen beschlossen. Auch für Deutschland, wo Bananen bisher zollfrei waren. Hintergrund: Die afrikanischen Bananenanbauer sollen auf diese Weise subventioniert werden. Die afrikanischen Anbauländer sind nämlich fast ausnahmslos ehemalige französische, spanische, portugiesische und britische Kolonien. Und die Festung Europa stabilisiert sich, einschließlich der – ehemaligen – Kolonien.

Die deutschen Bürger reagieren erbost. Nicht mit Rücksicht auf die Latinos, die gestützt auf die ständig gestiegene Nachfrage vor allem aus Deutschland, viel Geld in ihre Bananenkulturen investiert haben, und für die der Absatz dieser Früchte wirtschaftlich vielfach lebenswichtig ist. Auch nicht aus Rücksicht auf die Warnung des Bonner Drogenbeauftragten, der bei Rückgang des Bananenabsatzes einen steigenden Anbau von Cocapflanzen und damit einen vermehrten Rauschgiftexport aus Lateinamerika befürchtet. Sondern im Hinblick auf die zu erwartenden steigenden Preise. Das Kilo Bananen würde nämlich doppelt so viel kosten wie bisher, prophezeien die Experten.

Die deutsche Regierung, die ja nicht Rücksicht auf ehemalige Kolonien zu nehmen braucht, hatte sich in Brüssel nicht durchsetzen können, wie sie versichert. Das bringt ihr wie den Brüsseler Bürokraten abermals wachsenden Mißmut von Seiten der Bürger ein. Um den zu beschwichtigen, kündigt Bonn zwar eine Klage gegen den Brüsseler Zollbeschluß an. Die Bürger glauben jedoch nicht an einen Erfolg und maulen weiter.

Das erscheint auf den ersten Blick verständlich. Bananen sind gesund, schmecken gut und waren bisher billig. Deshalb waren sie hierzulande beliebt. Aber man kann als Mitteleuropäer, wenn nötig, auch ohne Bananen leben. Es gibt so viel Äpfel, Birnen, Pflaumen, Pfirsiche und Kirschen in Westeuropa, daß jedes Jahr Tonnen davon auf Kosten der Steuerzahler vernichtet werden, nur um die Preise hochzuhalten, ganz abgesehen von Tomaten, Kartoffeln und Gemüse jeder Art und unbegrenzter Menge.

Man könnte also auf Bananen verzichten. Wenigstens für ein halbes Jahr. Deutschlands Bürger brauchten nur zu beschließen: Die teuren Bananen kaufen wir nicht. Wir verzichten darauf!

So etwas ist ja nicht verboten. Es gibt ja keine Konsumpflicht. Es erforderte nur einen kleinen Verzicht auf einen, zugegeben, billigen und gesunden, aber im Grunde doch Luxusartikel. Und ein klein wenig Bürgeraktivität. Mit einem fast gesichert zu erwartenden Erfolg. Denn wenn die uns aufs Auge gedrückten teuren Bananen hier ein halbes Jahr lang unverkauft in den Läden vergammeln, werden die Händler und die Bürokraten schon ganz von allein darauf reagieren.

Allerdings, die Bürger müßten etwas dafür tun. Sie müßten eine Art Bürgerinitiative gründen. Aber das ist vielen schon zu viel. Sie fordern statt dessen ein Handeln des Staates. Das ist bequemer. Und wenn der Staat, aus welchen Gründen auch immer, nichts tut, werden er wie die ihn repräsentierenden Politiker eben erneut beschimpft.

■ Die beiden etwa 20jährigen jungen Männer grölen in dem Untergrundbahnwagen herum. Der eine zieht einer älteren Dame ihren Hut vom Kopf und setzt ihn einem jungen Mädchen auf. Der andere nimmt einem Mann seine Zeitung weg, wirft sie zerknüllt in eine Ecke und erklärt dem Besitzer mit etwas schwerer Zunge: »Scheißblatt! Sollst Du nicht lesen!«

Es ist halb neun Uhr abends. In dem Wagen sitzen etwa zwei Dutzend Leute. Aber keiner rührt eine Hand. Keiner sagt auch nur ein Wort. Jeder starrt vor sich hin. Die beiden offenbar angetrunkenen jungen Männer wirken nicht richtig bösartig, eher boshaft und vor allem flegelhaft und unverschämt. Sie wollen offenbar provozieren, wollen ausprobieren, wie weit man sie gehen läßt.

Aber keiner im Wagen tut oder sagt etwas. Auch ich nicht. Man könnte die Notbremse ziehen. Oder wir alle, die im Wagen sitzen, könnten aufstehen und uns den Unfug verbitten. Oder ganz ruhig mit ihnen zu reden versuchen. Bei unserer Überzahl von über zwanzig zu zwei wäre das vermutlich kaum gefährlich, auch wenn einige von uns älter und andere noch halbe Kinder sind. Aber es sind ja auch ein paar Männer im Alter zwischen 30 und 50 dabei. Doch auch sie tun und sagen nichts.

An der nächsten Haltestelle steigen wir alle aus. Nur die

beiden Randalierer bleiben im Wagen sitzen und grinsen wie zwei Lausejungen nach einem gelungenen Streich.

Die Frau, der sie den Hut weggenommen haben, sagt, sie wird sich ein Taxi nehmen, das sie nach Hause fährt. Eigentlich kann sie sich das nicht leisten. Aber sie hat Angst.

»Anzeigen sollte man die, wenigstens bei der Bahn«, setzt sie hinzu.

Ein älterer Mann, der vor uns geht, bleibt stehen und schüttelt den Kopf.

»Das ist doch nicht unsere Sache. Dafür ist die Polizei da und die Behörden. Die müssen was tun!«

Er sagt Polizei und Behörde. Damit meint er den Staat. Der Staat ist dazu da, die Bürger zu schützen, auch wenn die sich selbst wehren können. Viele, vermutlich sogar die meisten Bürger hierzulande, denken heute so.

Ich habe ein unbehagliches Gefühl. Eigentlich hätten wir etwas tun müssen, sage ich mir. Eigentlich . . .

■ Zwei Mädchen und ein Junge im Alter von etwa 16 Jahren werden beim Verlassen einer Disco von ein paar Halbwüchsigen »angemacht«. Die beiden Mädchen werden geschubst, einer wird die Tasche weggerissen. Der Junge kriegt einen massiven Stoß in die Rippen, so daß er auf den Bürgersteig fliegt. Mit seinem Schal, der geklauten Tasche und ein paar Drohworten verdrücken die Angreifer sich dann.

Aus Wut erstatten die drei Anzeige bei der Polizei. Sie meinen nämlich, den Rowdies schon einmal an der gleichen Stelle begegnet zu sein. Und ein Wunder geschieht. Nach gut einer Woche ruft die Polizei bei ihnen an und bittet sie, in den nächsten Tagen doch einmal vorbeizukommen, um anhand von Fotos Verdächtiger die Täter nach Möglichkeit zu identifizieren.

Der Junge lehnt ab. Er wolle sich in die Geschichte nicht weiter einlassen, erklärt er dem Polizisten am Telefon, er habe sich schon geärgert, bei der Anzeige mitgemacht zu haben. Wenn die Kerle rauskriegten, daß er sie angezeigt habe, würden sie sich womöglich an ihm rächen, fügt er hinzu.

Das eine der beiden Mädchen will zunächst hingehen. Sie

hat sich die Täter genau angesehen und ist sicher, sie auf Fotos wiederzuerkennen. Aber ihre Eltern verbieten es ihr. Sie solle sich da raushalten. Es sei zu gefährlich.

»Ihr habt Anzeige bei der Polizei erstattet, das ist mehr als genug«, sagt ihr Vater, »jetzt sind die Behörden dran, was zu unternehmen.«

So ist schließlich keiner der drei bereit, der Polizei bei der Suche nach den Tätern zu helfen.

Der Polizeiobermeister, der die Sache bearbeitet, zuckt die Achseln.

»So was erleben wir oft. Daß die überhaupt Anzeige erstattet haben, ist schon viel. Viele tun nicht mal das. Sie schimpfen nur, daß wir nicht da sind, wenn was passiert. Aber uns dabei zu helfen, solche Kerle zu kriegen, davor haben sie Angst, oder es ist ihnen zu viel. Für die ist der Staat dazu da, sie zu beschützen und womöglich auch noch zu bedienen.«

■ Alltägliche Geschichten. Das Verhalten der Bürger ist fast immer das gleiche. Wenn etwas Unangenehmes, Unerlaubtes, vielleicht sogar Kriminelles passiert, wenn ein Mensch überfallen oder auch nur bedroht wird, oder wenn es zu einem Unfall kommt, und ein Verletzter liegt vielleicht auf der Straße, rufen immer mehr Bürger zunächst einmal nach dem Rettungsdienst, der Polizei, einer Behörde, nach der Obrigkeit, also dem Staat, der nach allgemeiner Ansicht für all so etwas »zuständig« ist.

Das gilt nicht nur für Un- oder Überfälle. Das gilt auch für ganz einfache, lästige oder unangenehme Geschehnisse des Alltags. Wenn Schwierigkeiten auftauchen, wenn ein Nachbar einen stört oder belästigt, wenn ein Bautrupp eine Umleitung falsch kennzeichnet oder ein Vereinslokal zu viel Lärm verbreitet, sprechen immer mehr Bürger nicht mehr zunächst mit dem Verursacher, um das Ärgernis abzustellen, sondern rufen nach den Organen des Staates.

■ Was ist eigentlich der Staat, an den all diese Ansprüche sich richten, der für alles aufkommen soll und über den, wenn er das nicht tut, nicht nur hierzulande, sondern überall in der Welt heute so viele verdrossen sind? Wer ist dieser Staat, in dem laut Verfassung angeblich alle Gewalt vom Volke ausgeht, der jedoch von seinen Repräsentanten und Verwaltern heute immer rücksichtsloser ausgenutzt und geschröpft wird und den die Bürger deshalb immer lauter kritisieren?

Es gibt unzählige Theorien über die Natur und die Aufgaben des Staates von Plato und Sokrates bis zu Montesquieu, Marx und Hegel. Für die Bürger kommunistisch oder faschistisch regierter Länder ist der Staat der Inhaber einer allumfassenden Befehlsgewalt. Für die Bewohner demokratisch regierter Länder nicht nur in Europa, sondern in aller Welt ist er heute eine Art Versorger, eine anonyme Institution, deren Hauptaufgabe und zugleich Daseinsberechtigung darin besteht, für das Wohlergehen der Bewohner des Landes zu sorgen.

Die weitgehende Anonymität dieser Institution wie ihrer Repräsentanten und Verwalter ist neu. Sie ist ein Ergebnis der Massengesellschaft, in der wir heute leben, sowie der zunehmenden Technisierung ihres Verwaltungsapparates.

Früher wurde der Staat weitgehend mit den ihn regierenden Personen identifiziert. Noch in den Ersten Weltkrieg zogen die deutschen Soldaten »mit Gott für König und Vaterland«. Heute würden nicht einmal mehr die Bürger Englands, Skandinaviens oder Spaniens für ihre Monarchen in den Krieg ziehen. Und die Zahl derer, die bereit sind, für ihr Vaterland zu sterben, sinkt ebenfalls ständig. Das Vaterland, einst eine anerkannte moralische Instanz, ist zu einer vielfach nur noch nebulösen Vorstellung geworden. Immer mehr Menschen bezweifeln die Berechtigung eines Anspruchs auf Opferbereitschaft seiner Bürger.

Vor allem in Deutschland. Hier liegt das in erheblichem Umfang an der Niederlage in zwei Kriegen und den Folgen davon. Dadurch ist die Versorgungspflicht hier immer stärker in den Vordergrund getreten. Aber eine ähnliche Entwicklung vollzieht sich auch anderswo.

In der modernen, auf technische Organisation angewiesenen Massengesellschaft kann der einzelne sein Dasein immer weniger selbst bestimmen und ist immer mehr auf ordnende und dirigierende Aktivitäten des Staates und seiner Verwalter angewiesen. Die Folgen davon bekommen nicht nur kommunistisch, sondern auch demokratisch regierte Länder immer stärker zu spüren. Der Staat wird in erster Linie zum Versorger.

Das Urteil über ihn hängt nun in erster Linie davon ab, wie er nach ihrer Ansicht die ihm zugeschriebene Versorgungspflicht erfüllt. Lebt der Bürger, nach seiner eigenen Ansicht, angenehm, hat er ausreichend bezahlte Arbeit, kann er sich kaufen, was er braucht und sich wünscht, bekommt er genug Urlaub, kann reisen, seine Kinder etwas Ordentliches lernen lassen und – hierzulande besonders wichtig – das Auto fahren, von dem er träumt, wird er, in den meisten Fällen jedenfalls, mit seinem Staat zufrieden sein. Fühlt er sich, ganz subjektiv, nicht gut versorgt, kann er sich für ihn wichtige Wünsche nicht erfüllen, kritisiert er die Obrigkeit und damit den Staat, weil diese nach seiner Ansicht die ihnen obliegenden Pflichten nicht erfüllen.

Vor zwanzig, dreißig Jahren war die Unzufriedenheit hierzulande geringer. Denn damals waren die Ansprüche niedriger. Wir waren noch nicht so wohlhabend wie heute. Inzwischen haben wir uns an unseren heutigen hohen Lebensstandard gewöhnt. Daher richten sich an ihm unsere Ansprüche aus. Und zwar Ansprüche nicht nur materieller Art.

Der Staat soll uns nicht nur vor Hunger, Not und Krankheit, vor Angriffen von außen und Übergriffen im Inneren schützen, sondern er soll auch für unser Wohlgefühl, für die mentale Zufriedenheit aller Bürger sorgen. Um zum Beispiel den Wohnungsmangel zu beheben, soll er nicht nur selbst billige Wohnungen bauen, sondern auch durch Steuererleichterungen dafür sorgen, daß die Bürger sich billige Wohnungen bauen können; dabei muß es allerdings, so wird gefordert, absolut gerecht zugehen, so daß keiner benachteiligt und keiner bevorzugt wird. Entsprechendes gilt für ärztliche Betreuung, Kindererziehung und natürlich auch für einen Arbeitsplatz.

Bei all dem spielt die Forderung nach Gerechtigkeit, nach unbedingter Gleichbehandlung aller Bürger eine wachsende Rolle. Und das kompliziert nicht nur die Verwaltung, macht sie daher für den Bürger schwerer verständlich, was ihn verärgert. Sondern es erhöht auch die Kosten.

Jede Sonderregelung erfordert nämlich zusätzliche Beamte, die das Verordnete in die Wirklichkeit umsetzen. Und jeder zusätzliche Beamte kostet Geld, das durch Gebührenanhebung, Steuererhöhungen und ähnliche Maßnahmen aus den Taschen der Bürger in die Staatskasse geschafft werden muß. Daß dies dem Bürger mißfällt, ist verständlich. Nur sollte er, da er es selbst veranlaßt hat, nicht den Staat deswegen schelten.

Diese Anspruchshaltung der Regierten bedeutet allerdings nicht, daß die Bürger allein oder auch nur maßgeblich an der allenthalben wachsenden Verdrossenheit gegenüber dem Staat schuld wären, Hauptschuldige sind vielmehr die, die den Staat schlecht und häufig zu ihrem eigenen Vorteil und Nutzen verwalten und repräsentieren, nämlich die Politiker und die Beamten.

Ihr Mangel an Mut und Ehrlichkeit, aber auch ihre unerschöpfliche Gier nach weiteren Privilegien und nach Vorteilsnahme, wie die illegale Bereicherung juristisch genannt wird, sind die Hauptursachen des wachsenden Mißmuts bei den Regierten. Er richtet sich zwar vordergründig gegen die betreffenden Personen. Aber der von ihnen ja verwaltete Staat bekommt sie zu spüren und leidet darunter.

Als im Frühjahr 1993 unter dem Eindruck finanzieller Selbstbedienung besonders bayrischer Politiker bekannt wird, daß Abgeordnete in Deutschland nicht wegen Bestechung angeklagt werden können, weil sie seit 1953 nicht mehr unter den § 231 Strafgesetzbuch fallen, spottet ein Berliner Kabarettist:

»Da gibt's jetzt Leute, die wollen einen Paragraphen einführen, nach dem Abgeordnete, die sich bestechen lassen, dafür bestraft werden können. So'n Quatsch! Unsere Politiker wußten doch schon vor 40 Jahren, daß deutsche Abgeordnete nicht bestechlich sind. Also brauchen wir auch keinen Paragraphen dafür!«

Und das Publikum klatscht ihm begeistert Beifall.

III DIE FOLGEN

Unglaubwürdigkeit

Die Bar ist voll. Wir drei Deutschen sind die einzigen Europäer. Alle übrigen Besucher sind Einheimische, also Japaner. Das Licht ist gedämpft. Aus dem Lautsprecher erklingt dezente Musik. Im Hintergrund des Lokals sind leise Stimmen hörbar. Gelegentlich huscht ein Schatten über eine blaß beleuchtete Wand. Dort sitzen Mädchen, hat man uns gesagt.

Plötzlich kommen drei vierschrötige Männer herein. Sie bleiben einen Augenblick stehen und warten. In der Bar wird es still. Dann räumen einige der japanischen Gäste schweigend ihre Plätze, schieben hastig Geld über die Theke und verlassen in fast devoter Haltung den Raum. Andere folgen ihnen.

Die drei Männer setzen sich auf leer gewordene Barhocker, bestellen Getränke. Sie reden laut miteinander. Uns würdigen sie keines Blickes. Später geht einer von ihnen in den hinteren Raum, bleibt ein paar Minuten dort, kommt dann wieder zurück. Die Frau hinter dem Tresen stellt erneut Getränke vor sie hin. Einige Minuten später verschwinden die drei, ohne zu bezahlen.

Sie sind »Beschützer«, erklärt uns unser japanischer Begleiter etwas verlegen, als wir nach Verlassen des Lokals wieder auf der Straße stehen, Kontrolleure einer Gangsterbande oder »Yakuzza«, wie sie in der Landessprache genannt werden. Die Bar ist zur Zeit »in« und wird auch von Ausländern viel besucht. Wie in den meisten Lokalen Tokios erhebt eine Gangsterbande hier eine Schutzgebühr. Angeblich hält ein Minister seine schützende Hand über sie.

Die Regierung hat zwar erst vor wenigen Monaten offiziell angekündigt, sie werde mit den Gangs endgültig aufräumen. Aber unser japanischer Begleiter zuckt nur die Achseln.

An solche Regierungsmitteilungen glaubt in Japan kein Mensch mehr, versichert er uns, setzt allerdings, um den Ruf seines Vaterlandes zu schützen, fast herausfordernd hinzu:

»Bei Ihnen zu Hause ist das doch genauso! Ich habe fünf Jahre in Europa gearbeitet.«

▎ 1988 kauft ein staatlicher französischer Chemiekonzern eine amerikanische Firma. Kurz bevor der Kauf bekannt gegeben wird, klettern die Aktienkurse der amerikanischen Firma an der New Yorker Börse in die Höhe. Eine auf Hinweise der amerikanischen Börsenaufsichtsbehörde eingeleitete Untersuchung in Paris ergibt, daß ein Freund des französischen Präsidenten 30.000 Aktien der Firma gekauft und damit eine Menge Geld verdient hat.

Französische Journalisten berichten über das theoretisch verbotene »Insider«-Geschäft. Ein Regierungssprecher kündigt »energische Maßnahmen« gegen solche »Vorkommnisse« an. Sie werden jedoch nie ergriffen.

Ein paar Jahre später kommt ein ähnlicher Fall ans Licht. Ein Marseiller Rechtsanwalt, den ich seit vielen Jahren kenne und auf die seinerzeitige Regierungserklärung anspreche, lächelt nur spöttisch.

»Sie dürfen nicht alles glauben, was die Regierenden in Paris offiziell bekannt geben. Das gilt doch nur für die Dummen.«

Und achselzuckend fügt er hinzu:

»Bei Ihnen in Deutschland ist das doch nicht anders. Oder glauben da die Leute alles, was die Politiker ihnen erzählen?«

▎ Die Staatsverdrossenheit wächst. Weltweit. Und mit der Verdrossenheit gegen den Staat wächst das Mißtrauen gegenüber denen, die ihn verwalten. Gegenüber der Obrigkeit. Die Regierten glauben immer weniger, was die Regierenden ihnen sagen.

Das ist begreiflich. Denn wenn der Bürger immer häufiger feststellen muß, daß die Politiker und in ihrem Gefolge auch die Beamten ihm nicht die Wahrheit sagen, daß sie versuchen, ihm etwas einzureden, was nicht stimmt, was aber, wenn es geglaubt wird, ihnen Vorteile bringt, mißtraut er zuerst den Prophezeiungen und dann auch den Informationen.

Das gilt für lokale, regionale oder nationale Vorkommnisse wie für die großen politischen oder wirtschaftlichen Entwicklungen in der Welt, von den Kosten der deutschen Wiedervereinigung bis zu dem, was im Golfkrieg geschah und was daraus folgte. Das gilt auch für den ersten FCKW-freien Kühlschrank, von dem noch im Juli 1992 der Treuhandsprecher bekannt gab, niemand interessiere sich für die Produktionsfirma, weil das Gerät nicht zu produzieren sei, wie für den berühmten Jäger 90, der Deutschlands Bürgern von den Politikern monatelang abwechselnd als überflüssig und daher verzichtbar und dann wieder als unverzichtbar dargestellt wurde.

Die Folge war in all diesen Fällen zunächst Verwirrung, dann Mißtrauen und schließlich zunächst der Eindruck und dann die Überzeugung vieler Regierter, von den Regierenden wieder einmal getäuscht oder sogar belogen worden zu sein.

■ Bis zum Zusammenbruch der Sowjetunion war Polen einer der Satellitenstaaten Moskaus, wie man das damals nannte. Nach dem Zusammenbruch der Sowjetmacht gewannen die Polen ihre politische Freiheit zurück. Freie Wahlen wurden anberaumt. Und unter eindrucksvoll hoher Wahlbeteiligung der Bevölkerung wurde nach einem halben Jahrhundert das erste demokratisch zusammengesetzte Parlament des Landes gewählt.

Die hohe Wahlbeteiligung kam nicht überraschend. Die Demokratie war hier jung. Von einem Recht auf freie Wahlen hatten die Bürger lange geträumt. Nun hatten sie es und machten ausgiebig davon Gebrauch.

Inzwischen sinkt jedoch die Wahlbeteiligung in Polen ständig. Beim letzten Wahlgang ging kaum noch die Hälfte der Wahlberechtigten zur Urne. In der Bevölkerung macht sich zunehmend Ernüchterung breit. Das Verhalten der Gewählten in ihren Ämtern enttäuscht die Wähler.

Polen ist keine Ausnahme. Frankreich, eine stabile Demokratie, verzeichnet eine ähnliche Entwicklung. Immer weniger Bürger werfen ihre Stimmzettel in die Urne. Nicht weil sie, wie in den Diktaturen, Wahlfälschungen erwarten. Sondern weil die Gewählten, oder richtiger ihr Verhalten, sie enttäuscht.

In den USA, die sich gern stolz als »Mutterland der Demokratie« bezeichnen, galt es fast schon als sensationeller Erfolg, daß bei der letzten, von Bill Clinton gewonnenen Präsidentschaftswahl im Herbst 1992 über 50 Prozent der Wähler zur Urne gingen. Auch da machte jedoch immer noch fast die Hälfte der Wahlberechtigten von ihrem Wahlrecht keinen Gebrauch.

Über die Ursachen solcher wachsenden »Wahlmüdigkeit« gibt es zahlreiche Untersuchungen, Studien und Theorien, die zu unterschiedlichen Ergebnissen kommen. Gemeinsam ist allen die Erkenntnis, daß eine Fortsetzung dieses Trends Gefahren mit sich bringt, nicht nur für die Demokratie als Staatsform, sondern auch und vor allem für ihre Bürger.

Denn wenn die Bürger auf ihr wichtigstes politisches Recht der freien Wahl ihrer Repräsentanten und Verwalter verzichten, indem sie es nicht ausüben, ist zu befürchten, daß die Befürworter eines totalitären Regimes mit der Parole »Es muß endlich ein starker Mann her« die demokratische Bürgerherrschaft beseitigen und durch eine Diktatur ersetzen. Deutschland hat dies vor 60 Jahren erlebt und leidet unter den Folgen davon noch heute.

Bei der Diskussion über Möglichkeiten zur Überwindung der Wahlunlust taucht nicht selten der Gedanke auf, eine Wahlpflicht einzuführen. Auch in Bonn wurde dieser Gedanke im Frühjahr 1993 unter anderem mit dem Argument ventiliert:

»In einer Demokratie hat der Bürger nicht nur Rechte, sondern auch Pflichten, und zu denen gehört vor allem die Pflicht zu wählen.«

Wenn die Bürger diese Pflicht nicht erfüllen, muß man sie dazu zwingen, notfalls durch eine Geldbuße für diejenigen, die ihrer Wahlpflicht nicht genügen, lautete die daraus gezogene Folgerung einiger besonders gerissener Politiker, die meinten, die Schuld an ihrem eigenen Versagen auf diese Weise den Wählern aufhalsen zu können.

Nun gibt es in der Tat Länder, die eine Wahlpflicht haben. Belgien zum Beispiel und Australien. Das Verhältnis zwischen Bürgern und Politikern ist dadurch jedoch nicht besser, und die Unzufriedenheit der Regierten mit ihrer Regierung und ihrem Staat ist dadurch kaum geringer geworden.

»Natürlich wähle ich«, hat mir vor einigen Jahren ein Winzer im australischen Weingebiet von Barossa Valley erklärt »um mir Kosten und Ärger zu ersparen, aber ich frage mich oft, was sind das für Politiker, die uns zur Wahl zwingen müssen, weil wir so wenig von ihnen halten, daß wir es nicht freiwillig tun.«

Wahlpflicht, womöglich noch mit Strafandrohung versehen, ist kein Heilmittel gegen die wachsende Wahlunlust. Sie ist ein billiges Make-up ähnlich der in Diktaturen üblichen Methode, bei sogenannten Wahlen eine 99prozentige Stimmabgabe für die Regierung zu verkünden, um so Popularität vorzutäuschen. Wahlunlust ist die erste und wichtigste Folge einer tiefen Politik- und Staatsverdrossenheit in der Bevölkerung. Und die Regierenden müssen deren Gründe ausräumen, wenn sie die Wahlunlust beseitigen wollen.

Nun ist Wahlunlust oder Wahlenthaltung in sich selbst noch keine Gefahr. Aber in der Demokratie ist sie ein Alarmsignal. Und eine Obrigkeit, die dieses Signal übersieht und es versäumt, ihre Ursachen aus der Welt zu schaffen, gefährdet nicht nur sich selbst, sondern auch das Gefüge des demokratischen Staates. Das jedenfalls lehrt die Geschichte der späten 20er und der beginnenden 30er Jahre in Deutschland.

■ Es ist viertel vor sieben Uhr abends. Es ist dunkel und kalt. Aber die Kinder stehen mit ihren Kerzen in den Händen brav am Rand der Straße. Denn Eltern wie Lehrer haben ihnen gesagt, es sei wichtig, daß sie das tun, damit alle sehen, daß sie gegen Leute sind, die Brandbomben schmeißen. Außerdem kommt vielleicht das Fernsehen. Ein Fotograf für eine Zeitung war schon da.

Woche für Woche flimmern Bildern von Kerzendemonstrationen gegen rechtsradikale Gewalt über die deutschen Bildschirme. Und Deutschlands Politiker sind es zufrieden. Denn diese Demonstrationen zeigen der Welt, daß das deutsche Volk gegen rechtsextreme Tendenzen gefeit ist. Trotz einiger Überfälle auf Asylantenheime hat die Welt also von den Deutschen nichts zu fürchten – daß davon auch die deutsche Exportwirtschaft profitiert, wird ebenfalls mit Befriedigung zur Kenntnis genommen.

Diese Erkenntnis ist auch mit Sicherheit nicht falsch. Eine Machtergreifung durch rechtsradikale politische Randgruppen in Deutschland ist trotz gewisser Wahlerfolge dieser Gruppen derzeit kaum zu befürchten. Die Erinnerungen an die Geschehnisse der Vergangenheit machen Menschen im Inland, besonders aber im Ausland zwar nervös. Aber gerade diese Erinnerungen bieten vorläufig vermutlich einen gewissen Schutz gegen eine Wiederholung dessen, was damals geschah.

Kerzendemonstrationen dagegen sind weniger wirksam. Denn einmal richten sie sich nur gegen Symptome, nicht gegen die Ursachen der derzeitigen Malaise. Zu Kerzendemonstrationen gegen Mordanschläge und Brandbomben kann man auch politisch unzufriedene Bürger überreden, wenn man sich Mühe gibt. Die Unzufriedenheit und Verdrossenheit der Bevölkerung mit der Art und Weise, wie das Land derzeit verwaltet und regiert wird, läßt sich dagegen mit solchen Demonstrationen nicht aus der Welt schaffen.

Rechtsradikale Demagogen gibt es in vielen Ländern Europas, in Frankreich und Italien ebenso wie in Deutschland. In anderen Erdteilen wie etwa in Lateinamerika, zum Beispiel in Peru, Kolumbien oder El Salvador, sind es heute weniger Rechts- als Linksradikale, die versuchen, die Bevölkerung gegen die Regierenden zu mobilisieren.

Das liegt an der dortigen wirtschaftlichen Situation, vor allem am provozierend zur Schau getragenen Reichtum der besitzenden Minderheit und der hoffnungslosen Lage der besitzlosen Masse. Aber die Ursache der Staatsverdrossenheit, die Unzufriedenheit der Bevölkerung mit der Art und Weise, wie der Staat verwaltet und regiert wird, ist die gleiche.

Es gibt allerdings einen wichtigen Unterschied. Wer durch die Straßen von Lima, Kalkutta oder Kairo geht, der erkennt auf Anhieb, warum die Menschen dort mit ihren Daseinsbedingungen unzufrieden sind, warum sie eine Änderung der Zustände und eine andere Obrigkeit als die derzeit regierende fordern: Sie hungern, sie haben kein Dach über dem Kopf, und ihre Kinder haben kaum eine Chance für eine bessere Zukunft.

Ein Gang durch die Straßen deutscher Städte, selbst in dem derzeit unter der Rezession leidenden Ruhrgebiet, läßt die Ursachen der Verdrossenheit dagegen nur schwer erkennen.

»Auch wenn ich arbeitslos wäre, wäre ich mit einem Leben hier zufrieden«, versichert mir ein indischer Professor, den ich in Dortmund treffe, wo er für einige Tage zu Besuch ist, »worüber beschweren sich die Menschen hier eigentlich?«

Einem an den täglichen Anblick der brutalen Armut in der Dritten Welt Gewöhnten ist diese Frage nur schwer zu beantworten. Die vordergründige Antwort auf seine Frage liegt im Hinweis auf die deutsche Anspruchsgesellschaft. Wir sind halt verwöhnt.

Aber mehr noch als die für ihn nur schwer verständlichen Ursachen der deutschen Verdrossenheit beunruhigen meinen indischen Bekannten deren Folgen. Denn in seiner eigenen Heimat hat die Verdrossenheit der Bürger über die Zustände in ihrem Land inzwischen Ereignisse ausgelöst, die den Bestand des Staates gefährden.

Hindus zünden moslemische Tempel an, zerstören Läden, die Moslems gehören, überfallen und erschlagen moslemische Nachbarn, mit denen sie jahrzehntelang friedlich zusammengelebt haben. Und die Moslems rächen sich, wo sie dies können. Die halbe Armee, deren Aufgabe eigentlich der Schutz des Staates gegen Angriffe äußerer Feinde ist, versucht, die sich befehdenden Nachbarn auseinanderzuhalten und einen offenen Bürgerkrieg zu verhindern.

Indien ist nur ein Beispiel. Im Irak befehden sich Sunniten und Schiiten. In Afghanistan kämpfen nach dem gemeinsamen Sieg über die Kommunisten gemäßigte und radikale Moslems mit westlichen und erbeuteten östlichen Waffen. Im

Sudan tobt seit Jahren ein blutiger Bürgerkrieg zwischen braunen Moslems im Norden und schwarzen Christen im Süden. In Algerien fordern erhebliche Teile der Bevölkerung einen islamischen »Gottesstaat«. In Zypern finden christliche Griechen und moslemische Türken nicht zueinander. Und in Nordirland, im Nordwesten Europas und einem Mitgliedstaat der EG, bekämpfen sich inzwischen seit Jahrzehnten protestantische und katholische Christen mit Bomben und Maschinengewehren.

Hier sind religiöse Unterschiede oder Gegensätze Auslöser der vielfach blutigen Kämpfe. Anderswo geht es um völkische und separatistische Bestrebungen. Etwa bei den langjährigen Auseinandersetzungen zwischen Äthiopien und Eritrea. Oder bei den Kämpfen zwischen Tamilen und Singhalesen in Sri Lanka. Oder, um auch hier Europa nicht zu vergessen, bei den Auseinandersetzungen im Baskenland, zwischen Flamen und Wallonen in Belgien oder bei den immer wieder aufflackernden, bisher allerdings friedlich gebliebenen Streitigkeiten zwischen Engländern, Schotten und Walisern.

Die Liste ist endlos. Das in Stücke zerfetzte ehemalige Jugoslawien fällt uns Europäern besonders auf, weil es vor unserer Tür liegt und weil es – für viele besonders wichtig – ein beliebtes Urlaubsgebiet war. Aber in den uns oft kaum dem Namen nach bekannten Gebieten im Süden der ehemaligen Sowjetunion ist die Situation kaum anders.

Bei jedem dieser »Unruheherde« gibt es für die Auseinandersetzungen, Ausschreitungen und Kämpfe jeweils einen speziellen Grund. Hier sind es religiöse Gegensätze. Dort sind es völkische Abspaltungsgelüste. Auch sprachliche Differenzen spielen hier und da eine Rolle. Und vielfach kommen, wie etwa in Jugoslawien, mehrere Gründe zusammen, decken oder überschneiden sich.

Aber hinter diesen deutlich erkennbaren und fast immer sogleich auch benannten Anlässen und Auslösern für den Ausbruch der Auseinandersetzungen kommt noch etwas anderes: die Unzufriedenheit der Bürger mit denen, die regieren, ihr Verdruß über die Art und Weise, wie das Land verwaltet wird, und über die Zustände, die daraufhin dort herrschen.

In einer Diktatur kann die Bevölkerung ihrem Unmut keine Luft machen, es sei denn, sie bringt eine Revolution zuwege. In einer Demokratie gibt es kein unüberwindliches Hindernis dafür. Deshalb kommt es in Demokratien eher zu solchen Auseinandersetzungen als in Diktaturen, jedenfalls so lange der Diktator dort regiert, auch wenn der Anlaß zur Unzufriedenheit in Diktaturen fast immer sehr viel größer ist als in Demokratien.

Jugoslawien ist ein typisches Beispiel dafür. Solange Tito lebte und dort regierte, hielten die verschiedenen Volks- und Religionsgruppen Ruhe. Auch die Serben wagten nicht ernsthaft, gegen den kroatischen Marschall aufzumucken, mit dem Hitler nicht fertig geworden war und der Stalin erfolgreich herausgefordert hatte. Aber als der Diktator starb, und als der Druck von oben nachließ, da brachen die Gegensätze auf, und die weitverbreitete Unzufriedenheit der Bevölkerung machte sich Luft.

Hier liegt die eigentliche Hauptgefahr der gegenwärtigen Situation. Die Staatsverdrossenheit ist ein idealer Nährboden für viele jener religiösen, völkischen oder auch einfach politischen Streitigkeiten, die heute in zahlreichen Gebieten der Welt zu blutigen Auseinandersetzungen führen. Die Bürger sind unzufrieden. Bei der Suche nach Schuldigen stoßen sie auf Nachbarn, die anders sprechen oder denken, anderen Parolen folgen oder an einen anderen Gott glauben und politischen Einfluß haben oder gar regieren. Daraufhin machen sie diese verantwortlich für das, was ihnen mißfällt, versuchen, sie zu verdrängen oder auch nur zum Schweigen zu bringen.

Die Staatsverdrossenheit ist aber auch der Nährboden für viele der Angriffe und Überfälle auf Asylantenheime in Deutschland. Nicht die angebliche »Überschwemmung« des Landes mit Fremden. Die existiert ja gar nicht, abgesehen von einigen lokalen Ausnahmefällen. Sondern der eigentliche Nährboden ist die Verdrossenheit der Bevölkerung über die Regierenden und die von ihnen zu verantwortenden Zustände im Staat. Sie handeln nicht, um das Problem zu lösen, sondern vernachlässigen ihre Pflicht. Da man an sie aber nicht herankommt oder sich an sie nicht heranwagt, hält man sich an die Fremden. Sie bieten einen bequemen Blitzableiter.

■ »Seid Ihr heute eigentlich glücklicher als damals, als bei Euch noch der Schah regierte?«

Ich habe diese Frage bei meinem letzten Besuch in Teheran Ende der 80er Jahre mindestens zwei Dutzend Menschen gestellt, Ärzten, Rechtsanwälten und Kollegen von mir, aber mit Hilfe eines dolmetschenden Bekannten auch Kaufleuten, Bankangestellten, Tankwarten und Taxifahrern.

Die Antworten waren unterschiedlich. Einige der Befragten waren offensichtlich nicht ehrlich. Sie kannten mich nicht und fürchteten, ich könnte sie verraten. Andere gehörten entweder der Schicht derer an, die durch Khomeinis Revolution Schaden erlitten hatte, oder sie hatten von ihr profitiert, sie waren also Partei.

Die für mich überzeugendste Antwort bekam ich von einem Prokuristen einer Transportfirma, dem mein Bekannter einmal in einer finanziellen Schwierigkeit geholfen hatte, und der ihm daher vertraute. Auf meine Frage erwiderte er mir nach einigem Zögern etwas stockend, wirtschaftlich sei es ihm unter dem Schah besser gegangen, auch politisch sei es heute nicht so, wie er und viele andere es sich damals erhofft hätten, als Khomeini die Macht übernahm. Trotzdem war für ihn der Sturz des Schah-Regimes richtig, und er würde wieder dabei helfen, wenn er abermals in die Situation von damals käme. Denn das Schah-Regime war nach seiner Ansicht einfach schlecht.

»Das Regime heute ist auch nicht gut«, setzte er nach einem fragenden Blick auf meinen Bekannten und dessen ermunterndem Nicken leise hinzu, »und vielleicht müssen wir es noch einmal ändern, denn man darf Leute, die das Land schlecht regieren, nicht an der Macht lassen. man muß etwas tun.«

Hier wird das eigentliche Motiv hinter den meisten Unruhen und Aufständen heute in der Welt deutlich, in Indien wie in Algerien, in Afghanistan wie in Nordirland. Es ist nicht der Wunsch nach der Errichtung eines moslemischen Gottesstaates oder einer unabhängigen Teilrepublik. Diese Forderungen werden zwar lautstark erhoben. Aber sie sind im Grunde sekundär. Primär ist die Unzufriedenheit der Bevölkerung und daraus resultierend ihr Verlangen nach einer Veränderung.

Selbstverständlich gibt es radikale Moslems, Hindus, Katholiken und Protestanten, fanatische Tamilen, Basken und Serben, die wirklich an das glauben, was sie verkünden, die deshalb die Stimmung anheizen und die Menschen zur Gewalt treiben. Aber sie liefern nur die Parolen. Und sie sind meist nur eine sehr kleine Minderheit. Die Masse der Aufständischen ist in erster Linie unzufrieden.

Diese Unzufriedenheit ist Ursache, Grund und Auslöser ihrer Rebellion. Wären sie mit den sie Regierenden und den Verhältnissen, in denen sie leben, auch nur einigermaßen zufrieden, würden die meisten von ihnen nicht kämpfen, Weder für einen moslemischen Gottesstaat noch für eine unabhängige Teilrepublik, zumal sie ohnehin nicht sicher sind, ob die Verwirklichung der Parole, für die sie kämpfen, ihr Leben wirklich verbessern wird. Sie kämpfen dafür meist nur, weil sie eine Veränderung wollen und weil sie ein anderes Ziel nicht wissen.

Allerdings steckt hinter den Parolen bei allem Fanatismus ihrer Verkünder und bei aller Anspruchsgier ihrer Mitläufer häufig auch etwas Positives. Nämlich der Wunsch nach einer besseren Form des Zusammenlebens der Bevölkerung und die, wenn auch oft wohl nur unbewußte, Suche nach einem Sinn im staatlichen Zusammenleben.

Bei einigen Gruppen wie den islamischen Fundamentalisten wird das sogar erkennbar, obwohl der von ihnen vorgeschlagene Weg zumindest nach unserer Überzeugung untauglich ist. Aber hinter ihren Forderungen steht die Vorstellung von einem Zusammenleben der Bevölkerung in einer Gemeinschaft, die sich nach gewissen moralisch oder ethisch bestimmten und von allen als vorbildlich und deshalb verbindlich anerkannten Grundsätzen ausrichtet.

Dieser Wunsch ist seit jeher bei den Bürgern vieler Staatsgemeinschaften spürbar gewesen. Er war sicherlich, wenn auch für viele von uns heute nur schwer nachvollziehbar, im Patriotismus lebendig. Er hat die Franzosen 1789 zu ihrer großen sozialen Revolution veranlaßt: Freiheit, Gleichheit und Brüderlichkeit sollten das Leben in dem vom Adel mißbrauchten und unter den Königen verrotteten Staat von nun an bestimmen. Er hat auch die Vorstellungen der Kommunisten geprägt. Und er hat ungezählte Staatsphilosophen wie Revolutionäre von Plato und Aristoteles bis zu Luther, Robespierre und Rosa Luxemburg motiviert.

Dieser Wunsch, diese Hoffnung, dieser Traum macht auch die für viele nur schwer verständliche Staatsverdrossenheit der Menschen im reichen Deutschland erklärbar. Was den Menschen, jedenfalls den meisten von ihnen, hier fehlt, ist nicht Brot, ein Dach über dem Kopf, ärztliche Hilfe. Es ist eine Vision, eine Art Staatsräson, eine moralisch untermauerte Vorstellung vom Sinn im staatlichen Zusammenleben.

Zwar wird lautstark ständig der Anspruch auf noch mehr materiellen Wohlstand vorgetragen. Aber die Verdrossenheit vieler der maulenden und mehr fordernden Bürger geht in Wahrheit letztlich gar nicht auf die angeblich materiellen Mängel zurück, sondern in erster Linie auf immaterielle Fehlbestände.

Sowohl der Volkszorn über die Betrügereien der Politiker wie die seltsame Reaktion der deutschen Bevölkerung auf die Wiedervereinigung machen das deutlich.

Es ist im Grunde doch fast ein wenig lächerlich, wenn wir Bürger uns darüber aufregen, daß sich deutsche Politiker von Geschäftsleuten in die Karibik einladen, von Autoproduzenten kostenlos Luxuskarossen zur Verfügung stellen lassen oder Steuern hinterziehen. Wir Bürger, jedenfalls sehr viele von uns, tun doch das gleiche, ob wir nun zum Wochenende schwarz arbeiten, schwarz arbeitende Handwerker beschäftigen oder private Taxi- und Bewirtungsquittungen als Spesen abrechnen. Und woher kommen denn die Milliarden Mark auf den Konten in Luxemburg, der Schweiz oder Österreich, über die sich unsere Politiker so heuchlerisch empört beschweren?

Es geht uns – materiell jedenfalls – nicht schlecht. Sonst könnten wir nämlich den am Wochenende gegen »cash auf die Hand« arbeitenden Maler oder Tischler gar nicht bezahlen. Sonst könnten wir auch kein Geld nach Luxemburg tragen. Also sollten uns eigentlich auch die Durchstechereien unserer Politiker und Beamten nicht stören. Denn das Geld, das sie sich illegal in die Taschen schieben, fehlt uns ja nicht wirklich.

Was uns stört, ist die Gaunerei, die Unehrlichkeit, das Betrügen unserer Staatsverwalter, weil es uns im Grunde nämlich auch bei uns selber stört. Denn wer hat schon gern ein schlechtes Gewissen?

Deshalb hätten wir gern an der Spitze unseres Staates ehrliche Leute. Weil wir dann – jedenfalls vielleicht – auch selber unserem Staat gegenüber ehrlich wären. Und das wären zumindest die meisten von uns gern. Aber die Regierenden geben kein Beispiel. Sie machen auch nicht deutlich, warum wir Bürger uns unserem Staat gegenüber anständig verhalten sollten. Sie reden höchstens darüber. Und das reicht nicht. Deshalb begaunern auch viele von uns unseren Staat. Daß sie das stört, sagen die meisten nicht, jedenfalls nicht offen. Aber verdrossen macht es sie trotzdem.

■ Und die Wiedervereinigung Deutschlands? Jahrzehntelang haben wir die Forderung danach gebetsmühlenartig hergebetet. Als wir sie dann geschenkt bekamen, ging zwar ein kurzer Jubelaufschrei durch das Land. Aber beim Präsentieren der ersten Rechnungen war der Jubel schon ganz rasch verflogen. Und um nur ja wiedergewählt zu werden, versicherte der Bundeskanzler denn auch wider besseres Wissen, die Kosten könnten gleichsam aus der Portokasse bezahlt werden.

Die Folge davon ist seither landesweit Verdrossenheit. In Ost und West. Aber schuld daran sind nicht nur der Bundeskanzler und seine Regierung. Schuld daran sind alle Bürger. Jedenfalls im ehemaligen Westdeutschland.

In der ehemaligen DDR schien das anders. Dort verlockte

der materielle Wohlstand der Bundesrepublik viele Bürger tatsächlich zum Wunsch nach einem Anschluß. Das berühmte Transparent beim ersten Erscheinen des Bundeskanzlers in der damaligen DDR macht das deutlich:
»Helmut, nimm uns an der Hand
führ uns ins Wirtschaftswunderland!«
Der Wunsch wurde erfüllt. Die Bürger der DDR bekamen ihren Anschluß. Nur war das nicht die Verwirklichung eines Traumes oder einer Vision, sondern die Erfüllung eines rein materiellen Begehrens. Und als sich die ersehnten Auswirkungen dieses Erfüllungsbegehrens als langwieriger und im Ergebnis wohl auch nicht ganz so befriedigend wie ursprünglich vorgestellt erwiesen, verlor es seine Zugkraft.

In Wahrheit war somit die immer wieder lauthals geforderte Wiedervereinigung den meisten Deutschen längst kein Herzensanliegen mehr, jedenfalls keines, das ihnen große persönliche Opfer wert gewesen wäre.

Es war eine einleuchtende und gängige Parole. Etwa wie die Forderung nach einem islamischen Gottesstaat. Aber wer einmal die Kosten der Aktion durchgerechnet hatte, und das taten viele der gewinnorientierten deutschen Bürger, der befand sie meist als reichlich hoch. Und das bestimmte, als die Rechnungen dann präsentiert wurden, den larmoyanten Ton, der bis heute anhält.

Die Wiedervereinigung, lange als nationales Ziel verkündet, war weder ein Ziel noch ein Traum, noch eine Vision. Im Rahmen des anstehenden europäischen Zusammenschlusses ist das auch zumindest teilweise verständlich. Vielleicht ist es sogar positiv zu bewerten. Denn ein allzu großer und anhaltender nationaler Jubel hätte vielleicht manche unserer Nachbarn doch etwas verschreckt. Aber das heißt gleichzeitig: Deutschlands Bürger haben heute keine moralische, ethische oder auch nur emotionelle Staatsvision.

■ Aber nicht nur die deutsche, die gesamte westliche demokratische Gesellschaft hat keinen Traum, keine Vision, keine Utopie. Sie träumt von mehr Geld, größeren Autos, schnelleren Flugzeugen, billigeren Videorekordern und Fertiggerichten, vor allem aber von höheren Einkommen. Da sich das alles aber nicht ohne weiteres verwirklichen läßt, und da manche außerdem inzwischen bezweifeln, ob die Menschen, selbst wenn es sich verwirklichen ließe, dadurch glücklicher würden, sind immer mehr von ihnen, aus welchen Gründen auch immer, verdrossen.

Zwar steht das schon in der Bibel: »Was hülfe es dem Menschen, wenn er die ganze Welt gewönne und nähme Schaden an seiner Seele?«

Nur ist die Bibel heute, bei uns jedenfalls, nicht mehr sehr gefragt. Die derzeitige deutsche Regierungspartei nennt sich zwar »christlich«. Aber ihr konkretes Bekenntnis dazu erschöpft sich weitgehend in politisch auswertbaren Streitereien mit der Opposition über das Lebensrecht ungeborener Kinder. (Geborene Kinder werden weniger wichtig genommen, da sie offenbar geringere Wahlerfolge versprechen).

Und die große soziale Vision? Der Traum von der Freiheit und der Gleichheit und der Brüderlichkeit?

Reden darüber tun unsere Politiker fast täglich. Kein Wort wird so oft gebraucht wie das Wort Freiheit. Alle Demokraten sind angeblich für die Freiheit, nicht nur für unsere eigene, sondern auch für die der anderen. Wir ziehen sogar dafür in den Krieg.

Allerdings nicht immer. Zum Beispiel nicht für die Freiheit der Tibetaner. Denn in Tibet gibt es kein Öl, wie ein boshafter Kollege von mir während des Golfkrieges bemerkte. Aber immerhin für die Freiheit der Kuwaiter. Allerdings nicht für die Freiheit der kuwaitischen Frauen. Die dürfen noch heute nicht wählen, obwohl doch das Wahlrecht zu den Grundrechten der Demokratie gehört, für deren Erhalt in Kuwait wir doch alle angeblich kämpften. Eine uns beflügelnde Vision ist die Freiheit also offensichtlich nicht.

Mit der Gleichheit ist es nicht viel anders, von der Brüderlichkeit gar nicht zu reden. Selbst die berühmte Parole vom Recht auf gleichen Lohn für gleiche Arbeit gilt es weder für die Latinos und die Schwarzen in den USA noch für die farbigen Nordafrikaner in Frankreich. Und die deutschen Arbeiter in der ehemaligen DDR?

Reich genug wären wir Deutschen schon, um das zu bezahlen. Aber es würde persönliche Opfer verlangen. Und finanziell »rechnet es sich nicht«. Es brächte der Wirtschaft und damit den Bürgern Einkommenseinbußen. Und das ist für die meisten von uns unakzeptabel. Denn wir leben nun einmal in einer kapitalistischen Gesellschaft, auch wenn wir diese lieber als freie Marktwirtschaft bezeichnen. Und da ist für gleichen Lohn für gleiche Arbeit nicht immer Platz.

Hier liegt, so meine ich, die eigentliche Ursache der wachsenden Staatsverdrossenheit. Im Fehlen einer Vorstellung, für deren Verwirklichung es sich in unserem Staat und unserer Gesellschaft zu leben und notfalls auch zu kämpfen lohnt. Im Fehlen eines Traumes, wie Martin Luther King es nannte, einer Vision.

Schuld daran sind einmal die Politiker, die uns heute regieren. Denn sie werden ja nicht zuletzt auch deshalb gewählt, um dem Land, dem Volk, dem Staat eine solche Vorstellung zu vermitteln und nach Möglichkeit vorzuleben. Und das tun sie nicht.

Aber schuld daran sind auch wir Bürger. Hierzulande wie anderswo in der Welt. Weil wir dies nicht fordern. Weil wir dies nicht einklagen. Weil auch wir fast ausschließlich immer nur mehr »Brot und Spiele« verlangen.

Bei uns Deutschen wiegt diese Schuld besonders schwer. Denn wir haben genug Brot und genug Spiele. Wir brauchen nicht noch mehr davon. Und wir wären wirklich reich genug, um uns eine immaterielle Vision unseres Staates, die wir brauchen, zu leisten. Statt dessen verlangen wir von ihm eine Wachstumsgarantie.

Fast jeder, der darauf angesprochen wird, erwidert: »Was können wir da schon machen, dafür sind doch die Politiker und die Parteien da, die regieren uns doch!«

Selbst nach der Verfassung stimmt das nicht. Laut Artikel 20 Abs. 2 Grundgesetz geht die Staatsgewalt vom Volk, also von den Bürgern aus, nicht von den Politikern. Und die Parteien wirken laut Artikel 21 bei der Willensbildung des Volkes zwar mit, haben aber keine Entscheidungsbefugnis. Die liegt beim Volk, also bei den Bürgern.

Um die wachsende Verdrossenheit der Bürger auszuräumen, hilft es daher wenig, die regierenden Politiker durch andere zu ersetzen, Beamte zu entlassen, neue Gesetze zu erlassen, Programme zu entwickeln oder gar Steuern zu senken. Das mag vorübergehend einige freuen. Die Staatsverdrossenheit schafft es nicht aus der Welt.

Als Gustav Heinemann Bundespräsident war, hat er auf die Frage, ob er den Staat liebe, geantwortet:

»Nein, ich liebe meine Frau«.

Das ist ohne Zweifel richtig, auch für einen Staatspräsidenten. Der Bürger soll den Staat nicht lieben. Er soll ihn auch nicht fürchten und schon gar nicht hassen, wie manche Anarchisten das predigen. Aber ihn nur als materiellen Versorger zu betrachten, reicht offensichtlich nicht aus, weder für das Wohlergehen des Staates noch für das seiner Bürger. Das zeigt die wachsende Staatsverdrossenheit.

Um sie zu überwinden, müssen die Bürger, die den Staat ja tragen, darüber nachdenken, was er für sie ist, was sie von ihm erwarten, und was sie tun können, um ein sinnvolles Verhältnis zu ihm zu finden. Die Initiative dazu kann jedoch nur von ihnen kommen. Denn sie sind der Staat.

Der gehorsame Bürger

Der Mann schimpft. Über Europa. Das heißt, eigentlich nicht über Europa, sondern über Maastricht, über die Bürokratie in Brüssel. Über die hohen Gehälter, die sich die Beamten dort bewilligen, und den »Quatsch«, mit dem sie sich beschäftigen: Wie krumm Gurken sein dürfen. Ob Urlauber an Stränden Burgen bauen dürfen. Was Bierbrauer ins Bier tun dürfen.

Aber um wirklich wichtige Sachen, etwa wie man den Menschen in Jugoslawien helfen kann, oder was man mit dem überschüssigen Obst und Gemüse machen soll, das wir jedes Jahr für Milliarden Mark vernichten, darum kümmern sie sich nicht, wirft er ihnen vor. Und dafür bezahlen Europas Bürger ihnen auch noch hohe Gehälter.

Was ihn jedoch am meisten ärgert, ist die Tatsache, daß die deutschen Bürger überhaupt nicht gefragt werden, was sie davon halten.

»Die Franzosen und die Iren und die Dänen, die durften darüber wenigstens abstimmen. Aber uns halten unsere Herrn Politiker für zu dumm dafür. Das ist für mich eine Unverschämtheit! Dagegen müßte man wirklich was tun. Nicht nur nicht wählen – das ist denen da oben ja doch egal – sondern aktiv werden, demonstrieren, vor die Rathäuser ziehen oder besser noch vor den Bundestag – irgend 'ne vernünftige Bürgerbewegung oder so was ...«

Der Mann ist kein Redner. Er ist Zuhörer bei einer Parteiversammlung in Wiesbaden Ende Februar 1993, kurz vor den Gemeindewahlen in Hessen. Aber seinen Bemerkungen stimmen die meisten der Umstehenden zu. Einige klatschen ihm sogar Beifall. Und eine junge Frau, die hinter ihm steht, fügt ergänzend hinzu:

»Bei uns im Dorf haben wir 'ne Bürgerinitiative, die hat dafür gesorgt, daß die Geschwindigkeit in den Straßen bei uns jetzt auf 30 Kilometer begrenzt wird. Der Bürgermeister wollte das nicht, weil das angeblich den ›rollenden Verkehr‹ stört und die Leute dann über 'ne Umgehungsstraße fahren – sein Schwiegersohn hat nämlich ein Wirtshaus im Dorf ...«

Der Redner auf dem Podium wirft einen mißmutigen Blick auf die kleine Gruppe der Diskutanten und fordert diese auf, doch ein paar Straßen weiterzugehen, wenn sie ihm schon nicht zuhören wollten.

Die Frau murrt.

»Zuhören sollen wir, aber nicht den Mund aufmachen, das verstehen die unter Demokratie. Dagegen müßte man wirklich was tun!«

Solche Gespräche kann man heute in Deutschland vielerorts hören. Und zwar nicht nur Verdruß, Ärger und Beschwerden über »Amigo-Affären«, wie die Korruption unserer Volksvertreter und Beamten nach dem Vorbild der Bayern heute bundesweit genannt wird. Sondern Forderungen, gelegentlich sogar Vorschläge für ein aktives Handeln der Bürger. Nicht einen Aufstand – das wäre zumindest auf Landes- oder gar Bundesebene schwer zu verwirklichen. Sondern Druck von Seiten der »Straße«, wie einige unserer führenden Politiker ihnen mißliebige Teile des Volkes hochfahrend titulieren. Oder passiven Widerstand.

Auf der Gemeindeebene hat sich so etwas bereits entwickelt. Einmal nimmt die Zahl der Bundesländer zu, in denen zum Beispiel die Bürgermeister und andere Amtsträger nicht mehr von Parteifunktionären, sondern von den Bürgern gewählt werden. Zum anderen haben manche Bürgerinitiativen die Gemeindeväter zunächst ärgerlich, hier und da sogar wütend, am Ende aber nicht selten nachdenklich gemacht.

Deren Aktivitäten zeigten denn auch Wirkung. Aufgrund ihres Druckes wurde der Bau überflüssiger Straßen verhindert, wurde anstelle kostspieliger Badeanstalten mit Sauna, Wellenanlage und vorhersehbarem jährlichen Zuschuß von vielen Hunderttausenden Mark die Schaffung von Kinderkrippen durchgesetzt, wurden anstelle bereits beschlossener Betonparkplätze Grünflächen angelegt und sogar bereits stillgelegte Nahverkehrsverbindungen wieder reaktiviert.

Auf Gemeindeebene war die Bürgerinitiativ-Bewegung jahrelang durchaus erfolgreich. Dann kam sie langsam »aus der Mode«. Das lag nicht nur am sich organisierenden Widerstand der Behörden, sondern auch am wachsenden Egoismus der Initiatoren. Immer häufiger handelten sie nach dem Prinzip, den Heiligen Florian zu bitten: »Verschon' mein Haus, zünd' andre an!«

Als eine Art bundesweiter Bürgerinitiative begannen die Grünen. Und sie hatten auch durchaus Erfolg. Sie sind sogar als Partei heute noch nützlich, etwa durch ihren Widerstand gegen die bei den übrigen Parlamentariern so beliebten Diätenerhöhungen, zu einer Zeit, da andere Bürger täglich aufgefordert werden, sich bei Lohn- und Gehaltsforderungen zurückzuhalten. Sie haben die finanzielle Selbstbedienung ihrer Kollegen zwar nicht verhindern können, haben aber die Öffentlichkeit wenigstens auf deren schamloses Verhalten aufmerksam gemacht.

Ihr Fehler lag darin, sich nicht selten einseitig politisch in die linke Ecke des Parteispektrums zu stellen. Die etablierten Parteien nutzten das geschickt aus, schoben sie noch weiter nach links, an den Rand der »Extremisten«, so daß die Bürger auch durchaus vernünftige Vorschläge von ihnen nicht unterstützten, weil sie angeblich aus dem »extremistischen Lager« kamen. Eine bundesweite Bürgerinitiative gegen den Machtmißbrauch der Politiker muß aber für alle akzeptabel sein, für Konservative wie für Liberale und Sozialisten.

Es gibt eine Reihe von Bürgerinitiativen, die auf Spezialgebieten inzwischen bundesweit eine beachtliche Anhängerschaft gefunden und damit Einfluß gewonnen haben. Dazu gehören Gruppen wie »Amnesty International« und »Greenpeace«, die »Gesellschaft für bedrohte Völker« und in gewissem Maß auch der »Bund der Steuerzahler«. Sie sind auf ihrem Gebiet gelegentlich sogar in der Lage, wirksamen Druck auf die Obrigkeit auszuüben, allerdings nur auf ihrem jeweiligen Spezialgebiet.

Zuweilen reicht ihr Einfluß sogar bis in die hohe Politik hinein. Wenn etwa einer der großen Chemiekonzerne trotz erbittertem Widerstand seiner einflußreichen Lobbyisten in Parlament und Ministerien einfach durch Druck der von ihnen alarmierten öffentlichen Meinung gezwungen wird, Schadstoffe ausstoßende Tochterbetriebe zu schließen und an geschädigte Bürger Schadensersatz zu zahlen. Auch der Fall des in der ehemaligen DDR produzierten schadstoffreien Kühlschranks ist ein Beispiel dafür; hier wurde mit ihrer Hilfe ein kleines Unternehmen gegen den Wunsch mächtiger westdeutscher Großkonzerne und ihrer Lobbyisten durch eine entschlossene und bürgerwirksame Publizität am Leben gehalten.

Aber während die Erfolge der Bürgerinitiativen bisher im wesentlichen lokal oder höchstens regional blieben, konnten bundesweite Bürgeraktivitäten nur auf umgrenzten Sachgebieten Einfluß erzielen. Eine bundesweite und gleichzeitig politisch umfassend wirksame Bürgeraktivität ist bisher nicht zustande gekommen.

Dabei wäre dafür nicht nur Raum, sondern es gäbe auch Anlässe dafür. Der Entscheid über Maastricht etwa wäre ein solcher Fall. Hier geht es immerhin um das zukünftige politische Schicksal Deutschlands. Und – das kommt noch hinzu – die Verwirklichung der Beschlüsse von Maastricht würde außerdem das deutsche Grundgesetz, also unsere Verfassung, wenigstens teilweise außer Kraft setzen. Denn die keinem Parlament verantwortliche Brüsseler Kommission kann dem Grundgesetz übergeordnete Gesetze verabschieden. Aber das deutsche Volk, immerhin der Souverän des Staates, durfte darüber nicht entscheiden. Das verhinderten die Politiker aller unserer großen »staatstragenden« Parteien.

Es gibt inzwischen drei demokratische Länder, deren Bürger sich dazu direkt und verbindlich äußern durften. Und nachdem die erste arrogante Abwertung des Nein der Dänen inzwischen einer deutlichen Nachdenklichkeit in ganz Europa gewichen ist, kann eine Befragung der Bürger zu einer so grundsätzlichen und entscheidenden Frage doch wohl weder als unsinnig noch als undemokratisch abgelehnt werden.

Zumindest wäre zu verlangen, daß die Regierung sich wenigstens bemüht, der Bevölkerung zu erklären, worum es ihr bei den geplanten Maßnahmen geht und was sie damit konkret beabsichtigt, anstatt sich nur in hehren Gedankengängen über ihre Bedeutung zu verlieren, die meist über

Klischees und Geschwätz nicht hinausgehen, wie das leider heute bei uns üblich ist.

Ein junger Kollege von mir hat einmal zwei Stunden lang Menschen in einer großen Hamburger Geschäftsstraße befragt, was Maastricht für sie bedeute und was die Politiker und vor allem die Regierung ihrer Ansicht nach damit bezwecken. Das Ergebnis war katastrophal. Die meisten sahen Ziel und Zweck der Verträge von Maastricht fast ausschließlich im Aufbau einer europäischen Superbürokratie, die das Leben aller Europäer möglichst bis in alle Einzelheiten hinein regeln sollte. Daneben spielten angebliche wirtschaftliche Absichten eine Rolle. Daß es sich hier um einen – wahrscheinlich erfolglosen – Versuch handelt, Europa politisch zu einigen, wurde nicht ein einziges Mal erwähnt.

Als ich das einem Bonner Abgeordneten einer Regierungspartei erzähle, reagiert dieser mit der verärgerten Behauptung:

»Die Leute sind einfach zu faul nachzudenken. Sie brauchten sich doch nur den Text durchzulesen, dann würden sie das verstehen. Statt dessen schimpfen sie nur auf uns Politiker.«

Die Antwort ist typisch, aber falsch. Ich habe mir die Mühe gemacht und den Text des Abkommens durchgelesen. Ich habe ihn, obwohl ich Jurist bin, nicht verstanden. Das spricht nicht gegen das Abkommen. Wenn ich den Text dreimal gelesen hätte, hätte ich ihn vermutlich verstanden. Aber es spricht gegen die Politiker. Ihre Aufgabe ist es nämlich nicht nur, vernünftige Abkommen zu entwerfen und durchzusetzen, sondern dem Bürger auch zu erklären, was diese für ihn und das Land bedeuten.

Wenn der Bürger eine Maßnahme oder einen Plan einer Behörde nicht oder falsch versteht, dann trägt die Schuld daran nicht er, sondern die Obrigkeit. Im Fall Maastricht die deutsche Regierung. Sie hat ihre mit dem Abkommen verfolgten Absichten schlecht oder falsch oder ungenügend erklärt. Und sie kontrolliert außerdem die Beamten, die die Maßnahmen durchführen sollen, nicht genügend.

Europas Bürger sind weder dumm noch aufsässig, noch

anti-europäisch. Auch die Dänen nicht. Aber sie sind, durch Erfahrungen gewitzt, mißtrauisch gegenüber der Obrigkeit. Sie trauen ihr, oft zu Recht, nicht über den Weg. Deshalb fordern sie, daß die Obrigkeit ihnen ihre Absichten und Pläne erklärt. Und zwar so, daß jeder es verstehen kann. Aber dazu sind viele Politiker hierzulande wie anderswo entweder unfähig oder, vermutlich häufiger, zu faul.

■ Im Spätsommer 1992 höre ich in einem Lokal an der französischen Mittelmeerküste ein Gespräch zwischen einem Deutschen und einem Franzosen, die am Nachbartisch sitzen und über die damals bevorstehende französische Volksabstimmung über Maastricht reden. Dabei meint der Deutsche, fast etwas neidisch:

»Ich finde das prima, daß Ihr Franzosen das macht. Schade, daß das bei uns nicht geht ...«

Der Franzose reagiert verblüfft.

»Und warum geht das bei euch nicht?«

»Unser Grundgesetz sieht eine Volksabstimmung nicht vor.«

»Ich weiß gar nicht, ob unsere Verfassung so was vorsieht.«

»Aber wieso findet sie dann statt?«

»Weil Mitterand das angeordnet hat – er ist schließlich Präsident.«

»Und was sagen die Franzosen dazu?«

»Die finden das prima.«

»Aber was passiert, wenn die Wähler nein sagen?«

»Dann kann Maastricht so eben nicht gemacht werden.«

»Also das ginge bei uns nicht«, meint der Deutsche nach kurzem Nachdenken kopfschüttelnd, »das würde die Regierung bei uns nie machen – und außerdem natürlich auch nicht wegen unserer Verfassung ...«

Die Diskussion läuft noch eine Weile weiter. Aber dieser Punkt erscheint mir entscheidend. Ein Volksentscheid ist bei uns nicht verboten. Er ist im Grundgesetz nur nicht vorgesehen (außer im Sonderfall einer Änderung der Landesgrenzen gemäß Artikel 29). Aber das genügt schon. Da er nicht vorgesehen ist, darf es ihn nicht geben. Das behaupten jedenfalls die deutschen Politiker fast einmütig. Die Gründe sind klar. Eine direkte Entscheidung des Volkes über eine politische Frage würde ihre Macht einschränken. Und das wollen sie nicht.

Nun könnte man zwar das Grundgesetz ändern oder ergänzen. Daß dies zulässig ist, ergibt sich schon aus der seit Jahren anhaltenden Debatte zwischen den Parteien über eine Änderung der Asylrechtsregelung des Artikels 16. Wenn eine Änderung oder Ergänzung unzulässig wäre, dürfte darüber ja gar nicht gestritten werden.

Eine Änderung ist aber nicht nur zulässig, sondern sie ist auch notwendig. Und nicht nur in diesem Fall. Auch auf anderen Gebieten, etwa dem des Umweltschutzes, der Einwanderung, eines Einsatzes der Bundeswehr, der Staatsangehörigkeit und eben der Möglichkeit eines Volksentscheids ist eine Änderung oder Ergänzung unseres Grundgesetzes nicht nur nötig, sondern längst überfällig.

Das Grundgesetz ist nämlich 1949 in Kraft getreten. Es stammt also aus der ersten Nachkriegszeit. Seitdem hat sich in der Welt sehr vieles verändert, von der Auflösung der Kolonialreiche und der Entstehung Dutzender neuer, unabhängiger Staaten bis zum Zusammenschluß Europas und der Wiedervereinigung Deutschlands. Daß dies gewisse Korrekturen in der das Zusammenleben der Deutschen regelnden Verfassung erfordert, liegt auf der Hand.

Diese Korrekturen vorzunehmen, gehört zu den Pflichten derer, die das Land regieren. Aber auch diese Pflicht erfüllen sie nicht. Denn solche Korrekturen könnten ja ihre Macht beschneiden. Das gilt besonders für die Fälle, in denen Korrekturen zu einer direkten Beteiligung des Volkes an der Regierung des Landes führen würden. Aber die Bürger lassen sich dies gefallen.

Gegen Änderungsvorschläge und -wünsche, speziell auf dem Gebiet des hier nur als Beispiel genannten fehlenden Volksentscheids, argumentieren die Politiker nicht nur mit dem nachweislich unrichtigen Hinweis auf die angebliche »Unantastbarkeit« der Verfassung. Sondern sie berufen sich außerdem gern auf angeblich schädliche Entscheidungen des Volkes in der Weimarer Republik bei der Machtergreifung

Hitlers. Aber auch das ist falsch. Hitler ist nämlich nicht durch einen Volksentscheid und auch nicht durch Gewalt an die Macht gekommen, sondern durch falsches Verhalten der damaligen Politiker. Aber darüber sprechen deren Nachfahren nicht gern. Meist werden von den Regierenden heute nur die Bürger als unzuverlässig und dumm dargestellt.

Dies wird sich auch nicht ändern – es sei denn, die Bürger wehren sich dagegen. Nicht mit Gewalt. Aber mit einer Art Bürgerinitiative. Deren konkrete Form muß entwickelt werden. Aber Vorbilder gibt es sowohl bei den örtlichen und regionalen Bürgerinitiativen wie bundesweit bei Organisationen wie »Greenpeace« und »Amnesty International«.

Auch eine geeignete Parole für solche Aktivitäten gibt es bereits. Sie entstand in der ehemaligen DDR, was in diesem Falle sogar von Vorteil wäre, und lautet: »Wir sind das Volk«. Besser noch sollte man sie vielleicht umformulieren, so daß sie lautet: »Wir sind der Staat«. Das entspräche dem Artikel 20 Abs. 2 Satz 1 des Grundgesetzes, der lautet: »Alle Staatsgewalt geht vom Volke aus«.

Friedliche Methoden für die Ausübung passiven Widerstands gibt es eine Vielzahl. Der große Mahatma Gandhi hat einige aufgezeigt. Andere, wie Martin Luther King, sind ihm gefolgt.

Eine solche Bewegung könnte zum Beispiel bei einer Parlamentswahl eine Stimmenthaltung der Bürger, also einen Wahlboykott proklamieren, wenn wirklich wichtige Forderungen wie etwa eine stärkere Beteiligung der Bevölkerung an der Regierung und der Verwaltung des Staates von den Politikern und Beamten weiterhin sabotiert werden. Wenn es gelänge, dem gegenwärtigen Trend folgend, die Wahlbeteiligung auf unter 50 Prozent zu drücken, würden vielleicht selbst eingefleischte Machtpolitiker anfangen, ein wenig nachdenklich zu werden. Einen Versuch wäre es zum mindesten wert. Allerdings müßte es ein aktiver Boykott, nicht nur Bequemlichkeit, sein.

Das Volk, dies sollten die Bürger nicht vergessen, trägt den Staat. Es muß aber die Aufgaben, die ihm daraus erwachsen, auch erfüllen, sonst verliert es seine Rechte. Die

Weimarer Republik ist ja nicht daran zerbrochen, daß Hitler »die Macht ergriff« – das tat er nämlich gar nicht –, sondern daß das Volk sich mit dem Staat nicht identifizierte, daß es ihn nicht verteidigte, als unfähige und korrupte Politiker und Beamte ihn zerstören ließen.

Über die Methoden, wie sich diese Aufgabe des Volkes auf friedliche Weise erfüllen läßt, müssen die Bürger selber entscheiden. Der Staat kann ihnen dies nicht abnehmen, und die Politiker tun es nicht. Handeln die Bürger aber nicht, dürfen sie sich über die Folgen davon nicht bei anderen beschweren. Dafür sind sie allein dann verantwortlich.

Die Kirchen schweigen

Die Bretterhütten kleben auf nackten Felsen. Die Steintreppe, die früher zu ihnen hinaufführte, ist bei einer Verbreiterung der Straße weggerissen worden. Seitdem gibt es nur noch eine Holzstiege, der die Hälfte der Stufen fehlt.

Eine alte Frau zieht sich mühsam an dem wackligen Geländer herauf. Sie braucht etwa eine Viertelstunde für das kurze Stück. Aber es gibt keinen anderen Weg. Auch wenn einer stirbt, wird der Sarg mit der Leiche hier heruntergetragen.

Ein katholischer Priester begleitet mich auf meinem Weg. Eine junge Frau hat ihn gerufen. Ihr Kind ist krank. Einen Arzt kann sie nicht bezahlen. Niemand, der in dieser Elendssiedlung haust, kann einen Arzt bezahlen. Und die Feuerwehr kommt nicht. Selbst Polizisten wagen sich nicht hierher. Sie haben Angst, die Bewohner würden sie verprügeln oder erschlagen.

Nur der Priester kommt. Und alle, die ihm begegnen, grüßen ihn. Die junge Frau, die ihn gerufen hat, bietet ihm eine Tasse Kaffee an. Ihr Freund – sie ist nicht verheiratet – hat ihn gestohlen. Der Priester trinkt den Kaffee und lacht.

»Fernando soll aufpassen, daß sie ihn nicht erwischen. Wenn sie ihn ins Gefängnis stecken, kann ich ihm nicht helfen.«

Die Favella, wie die Elendssiedlungen in Brasilien heißen, liegt im Südwesten von Rio de Janeiro. Rio ist die zweitgrößte Stadt Brasiliens und hat über sechs Millionen Einwohner. Über eine Million davon lebt in solchen Favellas, ohne Straßen, ohne Wasser, ohne Elektrizität und Ärzte. Viele Hütten haben keine Fenster. Und Hunderttausende ihrer Bewohner hungern. Dabei ist Brasilien das größte und potentiell reichste Land Lateinamerikas mit vielen Tausenden von Millionären. Aber in Rios Elendsvierteln brütet der Haß.

Nur einige Priester steigen ohne Angst hier herauf. Dabei ist auch die katholische Kirche Lateinamerikas reich. In ihren Kathedralen funkelt das Gold. Und die meisten Bischöfe standen stets auf Seiten der Reichen.

Der Priester, der mich in das Elendsviertel mitgenommen hat, gehört zur Kirche der Armen, wie man die Gruppe sozial engagierter katholischer Geistlicher in Lateinamerika nennt. Sie plädieren für eine Umverteilung des Reichtums. Sie fordern bessere Lebensbedingungen für die Armen im Diesseits, anstatt sie auf das Paradies zu vertrösten. Und sie haben sich im Vatikan dadurch unbeliebt gemacht, daß ihnen Menschen wichtiger sind als die kirchliche Lehre.

Dom Helder Camara, als Erzbischof von Pernambuco seinerzeit einer der höchstrangigen katholischen Kirchenfürsten Lateinamerikas, war einer der Vorkämpfer dieser Bewegung. Als der Vatikan ihm für eine Reise nach Rom ein Flugticket erster Klasse schickte, tauschte er es in ein Billet der Touristenklasse um und verteilte das dabei ersparte Geld unter die Armen. Den Papst ärgerte das. Die Armen liebten ihn dafür. Einige nannten ihn sogar einen Heiligen.

Bei einem Gespräch Ende der 60er Jahre in seinem spartanisch eingerichteten Amtssitz erwiderte er mir auf meine Frage, warum er als Erzbischof an Stelle eines bequemen ein so unbequemes Leben führe:

»Hauptaufgabe der Kirche hier auf Erden ist nicht die Vorbereitung der Menschen auf das Paradies. Sondern unsere wichtigste Aufgabe ist es, denen zu helfen, die nach einem besseren Dasein hier für alle suchen, aber nicht wissen, wie sie das anfangen sollen.«

▇ Die Bewohner der Favellas in Brasilien führen auch heute ein schweres Leben. Aber die Kirche der Armen ist trotz böser Worte und Verbote aus Rom nicht tot. Und Millionen Brasilianer finden bei ihren Priestern anstatt eines Hinweises auf das im Jenseits auf sie wartende Paradies Rat und Hilfe im Diesseits, wenn sie hier nach Wegen suchen, um den Machtmißbrauch der Mächtigen in ihrem Land, unter dem sie leiden, wenigstens einzuschränken. Sie hat denn auch sowohl bei der Ablösung der Militärdiktatur durch eine Demokratie wie bei dem unblutigen und legalen Sturz des korrupten Präsidenten Color de Mello zumindest im Hintergrund eine nicht unwichtige Rolle gespielt.

Auch in Deutschland könnte die Kirche beim Kampf gegen die Staatsverdrossenheit eine positive Rolle spielen. Nicht durch beschwichtigende Worte und Ermahnungen zum Gehorsam gegenüber der Staatsautorität, wie das einige deutsche Bischöfe unter Berufung auf das Bibelwort, daß man dem Staat geben solle, was des Staates ist, wie zu Kaisers Zeiten auch heute wieder predigen.

Sondern als Weg-Weiser und Berater bei der Suche nach einer friedlichen Rebellion gegen den zunehmenden Mißbrauch der Macht, gegen die wachsende Verlogenheit der Obrigkeit, aber auch gegen das Anspruchsdenken der Bürger.

Schon nach Ende des letzten Krieges hatte die Kirche in Deutschland eine solche Chance. Damals hätte sie den ratlosen Bürgern eine Vision eröffnen können. Denn damals brauchten die Menschen hierzulande einen Kirchenmann, der ihnen wie der schwarze Amerikaner gesagt hätte: »Ich hatte einen Traum«.

Aber niemand sagte das hier. Die deutschen Geistlichen nahmen damals ihre Chance nicht wahr. Sie taten vielmehr genau das gleiche, was alle übrigen Bürger des Landes taten. Sie bauten ihre Häuser, also die Gotteshäuser, wieder auf. Aber keiner hatte einen Traum, den er ihnen beschrieb.

Später gab es dann doch noch einen Ansatz: die Evangelischen Kirchentage. Da wurden plötzlich Möglichkeiten erkennbar. Da hörten Zehntausende besonders junger Menschen fast atemlos zu, wenn Männer der Kirche, wie der kürzlich verstorbene Heinrich Albertz, Visionen beschworen. Vorstellungen von einer nicht sozialistischen aber sozialen Gesellschaft. Träume von einem Umbau des Staates zu einer Demokratie, deren Weg nicht durch einsame Beschlüsse der gerade Regierenden und ihrer wohlbezahlten Berater bestimmt wurde, sondern durch ein nicht abreißendes Gespräch zwischen Regierenden und Regierten.

Aber der von manchen erhoffte Aufbruch faserte aus. Die Parole vom Nutzen der Kapitalmaximierung erwies sich als verlockender denn die Vorstellung von einer bundesweiten guten Nachbarschaft.

Wahrscheinlich hatten sich viele Bürger inzwischen bereits zu sehr an den Wohlstand gewöhnt und fürchteten, bei einer Veränderung etwas davon zu verlieren. Außerdem besaß offenbar auch das Christentum in diesem angeblich christlichen Lande nicht mehr genug Einfluß, um genügend viele Menschen anzusprechen und zu motivieren.

Trotzdem ist die Kirche, wie ich meine, noch immer eine Institution, von der Anstöße, Anregungen und auch Ratschläge bei der notwendigen Rebellion der Bürger gegen eine machtkorrumpierte Obrigkeit ausgehen könnten und sollten. Es gibt zahlreiche Möglichkeiten dafür. Allerdings erforderte es eine »kämpferische Kirche«, und zwar kämpferisch nicht so sehr gegen das, was schlecht ist, als für einen Weg, wie man es ändern und verbessern könnte.

Kämpferisch zum Beispiel für eine Abrüstung. Geistliche sind hier in einer besseren Position als andere Bürger, denen von den Lobbyisten der Waffenfabriken stets sogleich vorgeworfen wird, sie setzten unseren Staat wehrlos drohenden Überfällen aus dem Ausland aus. Geistliche sind laut Bibelgebot dem Frieden verpflichtet. Sie sollten sich aber nicht mehr damit begnügen, auf das Segnen der Waffen zu verzichten – was einigen offenbar schon heute wieder schwerfällt – sondern sie haben zumindest das Recht, wenn nicht sogar die Pflicht, gegen unsere Rüstungsproduktion und vor allem gegen den Waffenverkauf an andere Länder zu protestieren. Und zwar öffentlich! Von den Kanzeln!

Aber nicht nur von den Kanzeln. Für die Demokratie engagierte Geistliche – aber nicht Kirchenpolitiker oder Kirchenbeamte – gehören auch in die Parlamente. In der ehemaligen DDR haben Geistliche uns vorgemacht, was Kirchenmänner und -frauen bei einer friedlichen und trotzdem erfolgreichen Revolution beisteuern und bewirken können.

Unsere Parteipolitiker werden das, wenn es sich um engagierte Geistliche handelt, vermutlich nicht mögen. Weil solche als Abgeordnete sich möglicherweise ihrem Gewissen stärker verpflichtet fühlen und damit dem Grundgesetz überzeugter folgen würden als normale Politiker, die sich, wenn opportun, eben doch der Fraktionsdisziplin beugen und dann den Wähler beschwindeln.

Aber den Bürger würden solche Geistliche im Parlament nützen. Und dem Staat auch. Sie würden nämlich möglicherweise verhindern, daß ein Parteifunktionär wie der Fraktionsvorsitzende der CDU/CSU Jürgen Rüttgers seine Kollegen so unter Druck setzt, daß sie bei Abstimmungen in einem Ausschuß, etwa über den Umweltschutz, dem Fraktionsgebot folgen und nicht, wie im Grundgesetz vorgeschrieben, ihrem Gewissen. Dadurch würden sie ein weiteres Anwachsen der Staatsverdrossenheit zumindest verhindern.

In der ehemaligen DDR ist die Bereitschaft der Kirchenmänner und -frauen zu aktiver Mitarbeit bei einer friedlichen Rebellion gegen Mißbräuche der Staatsgewalt aufgrund der Rolle der Kirche damals offenbar noch heute größer als im durch das allgemeine Wohlstandsniveau verwöhnten Westdeutschland. So ruft der Leipziger Pfarrer Christian Führer am 15. März 1993 in der ersten großen Montagsdemonstration nach der Wende seine Mitbürger zum Kampf »gegen den glänzenden Materialismus im geistlos fetten Schlaraffenland« und »für eine gerechte Verteilung des Besitzes Arbeit« auf.

Über 15.000 Menschen sind erschienen und hören ihm zu. Sie brechen nicht in frenetischen Jubel aus. Aber den Worten folgt einhelliger Beifall. Und kein Wort der Kritik.

Die Zustimmung ist allerdings eher nachdenklich.

»Gott sei Dank, daß einer mal so was sagt«, meint eine junge Frau beinahe verblüfft, »wir haben die Bonzen bei uns damals doch nicht rausgeschmissen, daß uns jetzt neue Bonzen von da drüben koujonnieren!«

Eine inzwischen pensionierte Pastorin aus Mecklenburg-Vorpommern begründet ihren Widerstand gegen die geplante Unterstellung ostdeutscher Bundeswehrgeistlicher unter die Disziplinaraufsicht der Bundeswehr mit den für einen Bonner Bundeswehroberst »inakzeptablen« Worten:

»Die Kirche ist keine Staatsorganisation, sondern sie ist für die Menschen da, wenn nötig auch gegen den Staat, wenn der sich falsch verhält. Da habe ich als Pastorin die Pflicht, meiner Gemeinde zu sagen, daß sie sich auch mal gegen die Obrigkeit wehren soll, und nach Möglichkeit auch, wie man das am besten tut – ganz egal, ob wir eine kommunistische oder eine demokratische Regierung haben.«

Noch sind das Ansätze. Und möglicherweise sind es ja nur Relikte, Überbleibsel aus einer früheren Zeit, die allmählich in Vergessenheit geraten. Dies wäre jedoch bedauerlich. Denn in Deutschland ist vor allem die protestantische Kirche eine der wenigen Institutionen, die trotz ihrer schwindenden Macht in der Lage wäre, die verdrossenen Bürger in einem friedlichen Kampf gegen den Machtmißbrauch der Staatsgewalt zu beraten. Sie steht nämlich kaum im Verdacht, wirtschaftlichen oder politischen Einflüssen zu unterliegen, wie das bei der katholischen Kirche einige befürchten.

Deshalb wäre es schade, wenn die Kirchen diese Chance abermals ungenützt verstreichen ließen. Sie würden damit nicht nur wieder einmal viele Menschen ohne Rat und Hilfe »im Regen stehen« lassen. Sondern sie würden mit Sicherheit noch mehr Mitglieder als bisher verlieren, und zwar vor allem solche, die sie zum Überleben brauchen.

Die Frauen werden nicht gefragt

»Ihr in Deutschland redet zwar dauernd von der Gleichberechtigung der Frauen, die Ihr angeblich anstrebt und irgendwann mal richtig vollkommen einführen wollt. Aber wir in Dänemark haben sie. Und wir wollen sie nicht wieder hergeben, nur weil das irgendwelchen Politikern und Beamten in Brüssel so paßt. Deshalb haben wir Frauen nein gesagt!«

Es waren allerdings nicht nur die Frauen, die sich 1992 in Dänemark gegen Maastricht zur Wehr setzten, indem sie nein sagten. Auch zahlreiche dänische Männer sagten nein. Aber ohne die Frauen, so behauptet jedenfalls meine dänische Kollegin, hätte es nicht gereicht. Männer dächten zu viel an die Politik und an wirtschaftliche Vor- und Nachteile, fügt sie hinzu, den Frauen ginge es um einfache Dinge: Sie wollten sich nicht von irgendwelchen Parteifunktionären in Brüssel oder Paris oder Bonn oder Straßburg vergewaltigen lassen, weder im Umgang zwischen Politikern und Bürgern noch in der Behandlung der Frauen.

»Wir wollten uns einfach wehren«, erklärt sie mir fast ein wenig triumphierend, »und wir haben es geschafft, für uns und für die anderen, also für die Männer auch.«

Das Gespräch hat mich nachdenklich gemacht. Denn es ließ deutlich werden, daß Frauen vielfach anders denken als Männer. Weniger politisch, sagen viele Männer, vor allem Politiker. Und sie haben recht. Einfacher und konkreter, sagen die Frauen. Und sie haben ebenfalls recht. Und deshalb werden auch die Frauen beim Kampf gegen den Machtmißbrauch in der Politik und gegen die daraus resultierende Staatsverdrossenheit gebraucht. Denn hier handelt es sich weniger um ein politisches als in erster Linie um ein moralisches Problem.

Frauen, politisch oft direkt weniger engagiert, sind auf diesem Gebiet mehr »zu Hause« und entwickeln einen sichereren Instinkt. Außerdem verfügen Frauen, ebenso wie Geistliche, über eine Macht, die nicht so stark im Politischen und Wirtschaftlichen verankert ist wie bei den Männern.

In der Komödie »Lysistrata« von Aristophanes ruft die Titelheldin ihre Geschlechtsgenossinnen dazu auf, sich den Männern im Ehebett so lange zu verweigern, bis diese endlich den Krieg beenden. In »Der trojanische Krieg findet nicht statt« seines französischen Kollegen Jean Giraudoux bringt Hektors Frau Andromache den Gegenspieler ihres Mannes, den Griechen Odysseus, durch den bloßen Einsatz ihrer weiblichen Persönlichkeit dazu, auf die Friedensvorschläge ihres Mannes einzugehen.

Heute ist es oft auch eine Art wirtschaftlicher Macht, über die Frauen verfügen. Sie kaufen zum Beispiel ein. In den 50er Jahren legten Englands Frauen praktisch den gesamten Textilhandel des Landes lahm, indem sie keine Textilien mehr kauften, weil ihnen eine Maßnahme der Regierung auf diesem Gebiet mißfiel. Nach wenigen Wochen des weiblichen Käuferstreiks gab die britische Regierung nach. Und in Deutschland lösten die evangelischen Frauen mit ihrer Aktion »Kauft keine Früchte der Apartheid« bei Käufern wie bei Verkäufern zumindest Nachdenklichkeit aus.

In Westafrika sind es die Marktfrauen, die die Macht vielfach in Händen halten. Der erste ghanaische Staatspräsident Dr. Kwame Nkrumah hat mir einmal auf meine Frage, ob er sich vor irgendjemand fürchte, geantwortet:

»Die einzigen, vor denen ich mich fürchte, sind die Marktfrauen von Accra, denn sie sorgen dafür, daß die Menschen zu essen bekommen.«

Seine Furcht war berechtigt. Denn als die Marktfrauen der ghanaischen Hauptstadt Accra sich gegen ihn stellten, wurde er von der Bevölkerung gestürzt.

Frauen verfügen heute bereits über ein erhebliches Ausmaß an Macht. Aber sie nutzen sie bisher politisch vielfach nur wenig und zögernd. So haben sie in Europa Jahrzehnte gebraucht, bis sie ihre politische Gleichberechtigung ertrotzten. Und stellenweise haben sie diese noch heute nicht durchgesetzt, wie der Eiertanz um die Ernennung einer Frau zum Bundesrat in der Schweiz im Frühjahr 1993 gezeigt hat.

Selbst wo sie die politische Gleichberechtigung theoretisch besitzen wie in Deutschland, da wagen sie es oft nicht, diese auch wirklich zu nutzen. Das zeigt der klägliche, ja fast lächerlich nichtssagende Entwurf eines neuen Gesetzes auf diesem Gebiet von der Bundesfrauenministerin Angela Merkel im Frühjahr 1993.

Wo nicht politische Anordnungen, sondern praktisches Handeln gefragt ist, da sind Frauen jedoch vielfach besser. Jedenfalls geht es nicht ohne sie. Ein bundesweiter Wahlboykott etwa, um Politiker und Beamte aus ihrem Selbstbedienungsbetrieb aufzustören, wäre ohne Einbindung der Frauen schon deshalb von vornherein zum Scheitern verurteilt, weil es mehr Wählerinnen als Wähler gibt. Und erst wenn die Frauen erkannt haben, daß es hier nicht um komplizierte politische Ziele geht, sondern um so einfache Dinge wie ihr Haushaltsgeld, vor allem aber um das Zusammenleben der Bürger in der Nachbarschaft des gemeinsamen Staates, werden sie bereit sein, sich dafür zu engagieren.

Wenn sie das tun, erhält eine friedliche Rebellion gegen den derzeitigen Machtmißbrauch der Regierenden wirklich eine Chance. Deshalb ist es entscheidend wichtig, ihnen deutlich zu machen, worum es geht, nämlich um die Erhaltung der in über vier Jahrzehnten mühsam erarbeiteten Grundlagen eines demokratischen Miteinanderlebens. Erst dann werden sie sich engagieren. Eine Revolution mit dem Kochlöffel ist zwar meist undramatisch, unspektakulär und für die daran Teilnehmenden auch nicht so gefährlich, aber dafür wahrscheinlich wirksamer als die mit dem Gewehr.

Nein sagen lernen

Umweltschutzorganisationen, die Kirche, Frauenverbände und andere Gruppen können Vorbilder abgeben, beraten, helfen. Träger einer Widerstandsbewegung gegen die wachsende Staatsverdrossenheit, die derzeit die Demokratie bei uns gefährdet, kann nur die Masse der Bürger sein. Nur eine breite Bürgerbewegung, eine Art bundesweiter Bürgerinitiative, kann mit einiger Aussicht auf Erfolg versuchen, die in vieler Hinsicht berechtigten Ursachen der Bürgerverdrossenheit aus der Welt zu schaffen.

Erste nervöse Reaktionen der Parteien und ihrer Politiker auf die wachsende Stimmenthaltung bei Kreis- und Landtagswahlen machen deutlich, daß hier Möglichkeiten liegen. Der Bundeskanzler beschimpft Bürger, die ihn auspfeifen, gereizt als »Pöbel«. Die SPD entwickelt hastig ein Programm, das »einfachen Parteimitgliedern« bei der Auswahl von Amtsträgern und Kandidaten Einfluß sichern soll, läßt schließlich sogar den Parteivorsitzenden durch die »Basis«, also die Parteimitglieder, küren. Parteifunktionäre jeglicher Couleur schlagen plötzlich »Reformen« ihrer Parteien vor, die sich bei näherem Hinsehen allerdings meist als reine Augenwischerei oder höchstens Schönheitsoperationen erweisen.

Die wachsende Nervosität ist nicht zu übersehen. Auch in öffentlichen Reden werden Hinweise darauf immer deutlicher, daß der wachsende Unmut der Regierten die Regierenden immer stärker verunsichert. Einsicht oder Änderungsbereitschaft in den Reihen der Obrigkeit läßt sich zwar bisher kaum erkennen. Die nervöse Reaktion ist jedoch ein Beweis dafür, daß die Bevölkerung politische Macht besitzt – wenn sie sich entschließt, diese auszuüben.

Wie die meisten demokratischen Regierungen in der Welt betont allerdings auch die deutsche Regierung bei jeder Gelegenheit die Pflicht eines jeden Bürgers zum Gehorsam gegenüber dem Staat. Und die Mahnung ist im Grunde sogar berechtigt. Denn da in der Demokratie im Gegensatz zur Diktatur der Bürger von der Regierung zum Gehorsam ja nicht gezwungen wird, muß er freiwillig die von der Verwaltung des Gemeinwesens im Auftrag der Mehrheit der Bürger gefaßten Beschlüsse befolgen, damit das Zusammenleben der Menschen funktioniert.

Worüber die, die an der Krippe sitzen, jedoch fast niemals sprechen, das ist das Recht und in krassen Fällen sogar die Pflicht der Bürger zum Ungehorsam gegenüber Regierenden dann, wenn diese vor allem oder womöglich nur ihre eigene Machterhaltung und ihren eigenen Vorteil im Auge haben.

Italien ist derzeit ein solcher Fall. Hier kann man fast von einer Pflichtvergessenheit der Bürger sprechen, weil sie jahrzehntelang tatenlos zusahen, wie eine zutiefst, korrupte Mafia nicht nur von Schmugglern und Drogendealern, sondern auch von Politikern, Abgeordneten, Ministern und ihren Helfershelfern in der Wirtschaft sie faktisch ausplünderte. Erst als diese es überzogen, erst als die Politiker sich öffentlich mit den kriminellen Gangstern verbündeten, als sie das kriminelle Gangstertum – gegen entsprechende Bezahlung natürlich – öffentlich erkennbar tolerierten und beschützten, rebellierte das Volk endlich.

Italiens Bürger hatten dabei Glück. Denn die Justiz kam ihnen zu Hilfe. Verblendet von vier Jahrzehnten erfolgreicher Korruption waren die italienischen Politiker einen Schritt zu weit gegangen. Sie hatten tatenlos zugesehen, wie Polizisten, Richter und Staatsanwälte, die die Bürger gegen Kriminelle zu schützen versuchten, von eben diesen Kriminellen ermordet wurden. Sie hatten sogar die Mörder geschützt. Das brachte zunächst die Angehörigen der Dritten Gewalt, also Richter, Staatsanwälte und Polizisten gegen die Regierenden auf. Sie wehrten sich. Und sie fanden dann zwar nicht die Politiker, wohl aber das Volk auf ihrer Seite.

Dabei merkten die Italiener plötzlich: Politiker sind vielfach feige. Bei Diktatoren mag das anders sein, obwohl Fachleute darüber streiten. Aber viele demokratische Politiker sind feige. Sie wagen nicht, Wahrheiten auszusprechen, die den Wählern mißfallen könnten. Sie wagen auch keinen Widerstand. Sie starren vielmehr ängstlich auf die Bürger. Denn sie wollen ja im Besitz der Macht und der damit verbundenen Privilegien bleiben. Dafür aber sind sie darauf angewiesen, wiedergewählt zu werden. Und deshalb buhlen sie fast demütig um die Gunst derer, die sie ausnützen und betrügen.

Zwar kann man mit Geld hier einiges bewirken. Das haben die Regierenden in Rom bewiesen. Aber offenbar nicht alles. Und vor allem nicht auf ewig. Wer die Vorsicht außer acht läßt und eine oft nur schwer erkennbare Grenze überschreitet, der bringt plötzlich das Volk gegen sich auf und gefährdet damit seine Position.

In Italien geschah genau das. Als die Politiker tatenlos zusahen, wie Polizisten, Staatsanwälte und Richter von der Mafia ermordet wurden, schlug der Wind plötzlich, ohne Vorwarnung, um. Die Geduld der Regierten war zu Ende. In Palermo wurde das erstmals sichtbar. Seitdem war in Rom nichts mehr, wie es vorher war.

Es gab keinen Aufstand, kein Blutvergießen, keinen Putsch. Es gab Zorn, Wut und, daraus erwachsend, politischen Druck. Aber da viele Politiker von Natur aus feige sind, gaben sie dem Druck nach.

Im Frühsommer 1993 gibt ein italienischer Abgeordneter in Neapel einem italienischen Kollegen von mir in meinem Beisein offen zu:

»Wenn ich früher in Rom in einem Restaurant einen Tisch bestellt habe, habe ich immer erwähnt, daß ich Abgeordneter bin, genau wie die meisten meiner Kollegen, weil man dann sicher ist, daß man auch Platz kriegt. Heute erwähnt das von uns kaum noch einer. Es gibt nämlich Leute, die würden uns glatt verprügeln, wenn sie hören, daß wir Politiker sind.«

Der italienische Staatspräsident erkannte als erster die Zeichen der Zeit. Er weigerte sich, das von der Regierung verabschiedete Amnestiegesetz zu unterzeichnen, und verhinderte auf diese Weise, daß es in Kraft trat.

Dann begann die Justiz, ermuntert durch den Zorn der hinter ihr stehenden Bevölkerung, Anklage gegen prominente Politiker zu erheben, darunter immerhin zwei ehemalige Ministerpräsidenten.

Schließlich wurde unter dem Druck der Bevölkerung

sogar ein neues Wahlgesetz verabschiedet, das, zunächst wenigstens für den Senat, die Persönlichkeitswahl vorsieht, damit also die Macht der Parteien stark beschneidet. Und bei den Kommunalwahlen im Frühsommer 1993, bei denen die Bürgermeister ebenfalls erstmals in direkter Wahl gewählt wurden, erlitten die bisher regierenden Parteien landesweit eine vernichtende Niederlage.

Die Italiener haben rebelliert. Ohne Gewalt. Trotzdem hatten sie Erfolg. Das Land erlebt eine friedliche Revolution. Noch steht der Ausgang nicht fest. Aber die Bürger haben ein Zeichen gesetzt. Jetzt liegt es an ihnen, ob sie es, notfalls mit Hilfe der Justiz, zu einem erfolgreichen Ende bringen.

▄ Auch in Brasilien wurde der korrupte Präsident gestürzt. Ob und wie es der Bevölkerung dort gelingt, nicht nur einen korrupten Politiker aus dem Amt zu jagen, sondern die eigentliche Ursache der Staatsverdrossenheit auszuräumen, bleibt abzuwarten. Aber daß es selbst in Lateinamerika gelang, wenigstens eine Ursache des Volkszorns aus dem Weg zu räumen, setzt immerhin ein Signal.

In Japan, wo im Prinzip auf politischem Gebiet ähnliche Verhältnisse herrschen wie in Italien, sind die bisherigen Versuche, das zu ändern, gescheitert. Vermutlich liegt das unter anderem an der hierarchisch geprägten politischen Struktur des Landes. Zwar wurde der korrupte Ministerpräsident Myasawa zum Rücktritt gezwungen, und bei den Neuwahlen verlor die bisherige Regierungspartei ihre absolute Mehrheit. Aber sie blieb stärkste Partei. Die Bürger erkannten ihre Chance nicht, denn die Demokratie ist hier jung und hat noch keine tiefen Wurzeln: Gehorsam gegenüber der herrschenden Autorität bestimmt seit Jahrhunderten das gesellschaftliche Leben. Das zu ändern, verlangt viel Zeit.

Auch in Deutschland hat das Prinzip des Gehorsams gegenüber der Staatsautorität eine lange Tradition. Weimar war nur ein kurzes Zwischenspiel und nahm dazu noch ein schlechtes Ende. Was folgte, war eine erneute Rückkehr zum Prinzip des Gehorsams auch gegenüber schlecht Regierenden. Und die nach dem Krieg dann in Westdeutschland etablierte Demokratie wurde nicht von den Deutschen eingeführt, sondern von den Siegern.

Sie ist inzwischen von der Bevölkerung akzeptiert worden. In vierzig allerdings wirtschaftlich meist guten Jahren und unter dem Druck der kommunistischen Drohung aus dem Osten. Erst seit dieser Druck aus dem Osten entfiel und angesichts des zur Zeit etwas rauheren wirtschaftlichen Klimas steht die deutsche Demokratie auf dem Prüfstand. Und manche Ereignisse wie das ganze politische Klima der letzten Jahre erwecken eher den Eindruck, als habe Deutschland nur eine Schönwetterdemokratie, nicht aber eine auch für weniger komfortable Zeiten.

Es geht dabei nicht um die Form. Die ist – bisher – nicht in Gefahr. Die Regierenden werden gewählt. Ein Diktator ist nicht in Sicht. Jedenfalls bisher nicht, trotz wachsender Wählerstimmen für die Rechtsradikalen. Der Schock des Dritten Reiches sitzt wohl noch zu tief. Die Erinnerung daran ist noch nicht vergessen.

Aber der demokratische Inhalt ist in Gefahr. Immer mehr Regierende denken immer mehr und am Ende fast ausschließlich an sich selber, an ihre Macht und ihr persönliches Wohlergehen. Und immer mehr Bürger, anstatt sie dafür zur Rechenschaft zu ziehen, tun es ihnen nach. Das könnte der Anfang zu einer Entwicklung sein, wie sie Italien zur Zeit erlebt. Auch dort herrscht ja noch kein Diktator. Sondern nur mit Hilfe gekaufter Wählerstimmen gewählte Politiker, von denen aber die ersten nun ins Gefängnis wandern.

Noch ist Deutschland nicht so weit. Die Politiker hierzulande taktieren jedoch vorsichtiger, sie entschuldigen sich, wenn sie ertappt werden, gelegentlich sogar. Daher ist bisher denn auch noch keiner von ihnen ins Gefängnis gewandert. Der Schutzbund der Funktionäre aller Parteien, die sich gegenseitig nur die Vorteile der Macht neiden, aber nur selten politisch wirklich unterschiedlicher Ansicht sind, hält noch.

Aber der Unmut der Regierten wächst. Zunächst versuchen viele, es den Regierenden gleich zu tun. Sie bringen ihren Besitz in Sicherheit, legal oder illegal, nach Luxemburg oder in die Schweiz. Und sie betrügen den Staat, beim Kassieren von Sozialleistungen oder von Subventionen beim Zahlen von Steuern.

Um eine Fortsetzung dieser Entwicklung zu verhindern, bedarf es wie in Italien einer friedlichen Rebellion. Wichtig ist dabei das Anliegen: Nicht die Verbesserung des eigenen Wohlergehens etwa durch eine Herabsetzung von Steuern; sondern die Verteidigung des Staates gegen die, die ihn zur Zeit miserabel regieren.

Eine erfolgreiche Rebellion wäre ein Signal. Ein Absinken der Wahlbeteiligung etwa in die Nähe der 50 Prozent-Grenze, nach Möglichkeit darunter, würde die Sorte von Politikern, die wir derzeit haben, zwar noch nicht dazu bringen, auf ihr Amt zu verzichten. Sie würden sich vielmehr auf die Stimmenzahlen stützen und versuchen, die Macht festzuhalten. Aber einem unter solchen Umständen »gewählten« Regierungschef fehlte dann nötig die Glaubwürdigkeit. Und der Widerspruch, auf den er bei seiner Amtsführung dann in der Bevölkerung stieße, wäre für ihn nur noch schwer überwindbar.

Um eine solche Rebellion zu nützen, wenn sie dann Erfolg hätte, müßte sofort eine Reihe von Maßnahmen in Angriff genommen und gegen eine entsprechend verunsicherte Obrigkeit durchgesetzt werden. Etwa die Berechnung der Wahlkampfkostenpauschale für die Parteien nicht mehr wie bisher nach der Zahl der Wahlberechtigten, sondern nach der Zahl der tatsächlichen Wähler. Oder die Beseitigung des derzeit im Bundestag praktisch bestehenden Beamtenmonopols.

Entscheidend für den Erfolg einer solchen Rebellion wäre, daß die Rebellen, also die nachdenklich gewordenen Bürger, einige der wichtigsten konkreten Anliegen benennen und daß sie vor allem eine Vorstellung entwickeln, wie ein sozialer und demokratischer Staat aussehen soll, in dem die Bürger ohne allzu großen Verdruß gern leben.

MÖGLICHKEITEN

Friedliche Rebellion

»Wer besondere öffentliche Verantwortung trägt, muß auch besondere Maßstäbe für sich gelten lassen. Das heißt aber nicht, daß wir aus Politikern Heilige machen sollten.«
Originalton des CDU/CSU Fraktionschefs Wolfgang Schäuble auf die Frage, ob für die deutsche Politik ein moralisches »Reinheitsgebot« erforderlich sei. Auch eine erneute Strafbarkeit von Abgeordneten wegen Bestechung bejaht der als eventueller Kanzlernachfolger Gehandelte allerdings nur zögernd.

»Ich bin dafür, obwohl die Abgrenzung schwierig ist.«

Die Bürger sind verdrossen, viele sogar verbittert. Aber die Regierenden diskutieren über Gesetze, die Symptome kurieren würden, wenn sie dann überhaupt vom Parlament verabschiedet werden würden. Das ist jedoch zweifelhaft. Denn ob die Abgeordneten solchen Gesetzen zustimmen würden, steht dahin. In den vergangenen 40 Jahren haben sie es jedenfalls nicht getan.

In Italien, das in Deutschland gern für seinen »politischen Morast« kritisiert wird, werden heute immerhin führende Abgeordnete und ehemalige Regierungschefs vor Gericht gestellt. In Österreich wurden einige sogar bereits verurteilt. In Deutschland dagegen werden Parlamentsausschüsse gebildet, in denen die Regierenden sich selbst überprüfen.

Es gibt zwar ein Parlament. Und da Deutschland ein Bundesstaat ist, gibt es sogar eine ganze Reihe von Parlamenten. Aber den größten Stimmenblock in ihnen allen stellt weder die Regierungspartei noch die Opposition, sondern die parteiübergreifende Gruppe der Beamten und Angestellten des Öffentlichen Dienstes. Sie verfügen überall zumindest über eine Sperrminorität, fast immer über ein Drittel, häufig sogar über 40 Prozent der Stimmen. Und davon machen sie fleißig Gebrauch, auch wenn sie das bestreiten. Gesetze, die Privilegien oder gar die Macht von Beamten oder Politikern beschneiden, haben keine Aussicht, verabschiedet zu werden.

Erste Voraussetzung für eine moralische Säuberung der Regierungen und des von ihnen kontrollierten Beamtenapparates ist daher die Beschneidung der Beamtenzahl in den Parlamenten. Ein numerus clausus für Beamte und Angestellte des Öffentlichen Dienstes in Höhe von höchstens 19,9 Prozent der jeweils gesamten Abgeordnetenzahl ist daher die erste und unabdingbare Voraussetzung, um den Selbstbedienungsladen in der öffentlichen Verwaltung auszuräumen und die Obrigkeit im Volk wieder glaubwürdig zu machen. Ohne Durchsetzung dieser Forderung verlaufen alle Reformbemühungen im Sande.

Die zweite Voraussetzung ist eine unmittelbare Beteiligung der Bürger an der Verwaltung ihres Staates. Und zwar nicht nur alle vier Jahre durch eine Wahl von »Repräsentanten«, die im jeweiligen Parlament ja häufig nicht so abstimmen, wie ihre Wähler das wollten und wollen, sondern wie die Partei, die sie aufgestellt und ins Parlament gebracht hat, es von ihm verlangt; sondern durch eine direkte Wahl von Personen, die ihren Wählern unmittelbar verantwortlich sind.

Das gilt einmal für alle Amtsträger, die direkt das Leben der Bürger regeln und die im Namen der Bürger sprechen, vom Dorfbürgermeister bis zum Bundespräsidenten. Warum soll das Oberhaupt einer kleinen Gemeinde wie einer großen Stadt oder der Landrat, also Personen, die täglich mit ihren Bürgern reden oder wenigstens reden sollten, und die unmittelbar in deren Leben eingreifen, warum sollten die von Parteigremien und Funktionären ausgewählt werden und damit von ihnen abhängig sein, anstatt direkt von ihren Bürgern?

Entsprechendes gilt für den Bundespräsidenten. Seine Wahl durch eine Bundesversammlung, also wieder vorwiegend durch Repräsentanten der Parteien, ist doch ein überflüssiger Umweg, wenn er ebenso gut vom Volk gewählt werden kann. Im benachbarten Frankreich, um nur ein Beispiel zu nennen, geschah das doch auch. Und niemand wirft Frankreich deshalb vor, es sei keine Demokratie.

Auch die Art und Weise der Abgeordnetenwahl erscheint reformbedürftig. Die Bestimmung des Artikel 38 Grundgesetz, nach der Abgeordnete nur ihrem Gewissen unterworfen sind, hat sich längst als Illusion erwiesen. Für viele Abgeordnete wiegt die Angst vor einem schlechten Gewissen weit weniger schwer als die Furcht, bei der nächsten Wahl nicht wieder als Kandidat aufgestellt zu werden. Und darüber entscheiden, jedenfalls in den meisten Fällen, die Partei, die Fraktion, die Funktionäre.

Das Persönlichkeitswahlrecht, das bei uns nur in Fragmenten existiert, würde dies ändern. Denn es zwingt den Abgeordneten zum engen Kontakt mit seinen Wählern. Es ist allerdings im Ergebnis nicht unbedingt gerecht. Das hat die letzte Parlamentswahl in Frankreich gezeigt. Das Ergebnis einer Verhältniswahl spiegelt die politische Überzeugung der Wählerschaft ohne Zweifel akkurater wieder. Aber sie entfernt die Gewählten vom Volk.

Der deutsche Abgeordnete ist nicht wie seine Kollegen in England, Frankreich und Skandinavien auf einen engen Kontakt mit seinen Wählern angewiesen, um wiedergewählt zu werden. Dort hat deshalb fast jeder Abgeordnete nicht nur ein Büro in seinem Wahlkreis, ist mindestens einen, häufig zwei Tage dort, steht seinen Wählern für Fragen wie Bitten um Rat und Hilfe persönlich zur Verfügung und wird von ihnen auch angesprochen. Für die meisten deutschen Abgeordneten genügen gute Beziehungen zu ihrer Partei, vor allem zu deren Funktionären. Denn von denen sind sie abhängig.

Hier muß der deutsche Bürger entscheiden, was ihm wichtiger ist: weitestmögliche Akkuratesse und Gerechtigkeit beim Wahlergebnis oder engerer, nach Möglichkeit persönlicher Kontakt zwischen Wählern und Gewählten.

Zu den völlig unverzichtbaren Forderungen einer friedlichen Bürgerrebellion gehört schließlich die Einführung eines Volksbegehrens und eines Volksentscheids in die Verfassung. Dies ist besonders wichtig, wenn es im wesentlichen bei der Verhältniswahl bleibt. Denn nur so kann dem Bürger ein wirksames Mitspracherecht bei der Verwaltung seines Landes gesichert werden.

Das gilt allerdings nur für Fragen, die für das ganze Volk von Bedeutung sind, vor allem für eine Änderung oder Abschaffung von Verfassungsgrundsätzen. Der seit Jahren andauernde Parteienstreit über eine Änderung des Asylrechts wie über die Reform des § 218 macht das überdeutlich. Ob und wann politisch Verfolgte in Deutschland Zuflucht finden, ob und aus welchen Gründen deutsche Soldaten im Ausland kämpfen sollen, wer Deutscher ist und wer einen Anspruch haben soll, Deutscher zu werden, oder unter welchen Umständen eine Abtreibung straffrei zulässig sein soll, darüber zu entscheiden, ist Sache der Bürger dieses Landes und nicht irgendwelcher Politikergruppen oder Funktionäre.

Der hiergegen von Politikern immer wieder erhobene Einwand, das Volk sei nicht in der Lage, wichtige Probleme zu beurteilen, und deshalb auch nicht geeignet, über sie zu entscheiden, zeugt angesichts zahlreicher Fehlentscheidungen deutscher Politiker in diesem Jahrhundert von einer geradezu erstaunlichen Selbstüberschätzung.

Sicherlich sind auch bei Volksentscheiden Fehlentscheidungen möglich. Aber diese sind nicht schlimmer als Fehlentscheidungen von Politikern, die das Volk binden, ohne daß es sich gegen sie wehren kann. Die Art und Weise der Wiedervereinigung Deutschlands etwa ist ein Beispiel dafür, daß Politiker genau so irrtumsanfällig sind wie andere Bürger, und daß Fehler, die sie machen, für die Bevölkerung nicht weniger nachteilig sind als solche der gesamten Bevölkerung.

Eine Bürgerrebellion, die wenigstens eine gewisse Aussicht auf Erfolg haben will, muß sich auf einige wenige Forderungen beschränken. Hunderttausende, nach Möglichkeit sogar Millionen Menschen bringt man nicht auf die Straße für eine Änderung des Asylrechts, für eine striktere Aufsicht über das finanzielle Verhalten der Regierenden und nicht einmal für die viele Mütter bewegende Frage, unter welchen Umständen ihr aufgrund der Wehrpflicht zur Bundeswehr eingezogener Sohn in Kroatien oder Kambodscha, in Somalia oder Namibia möglicherweise zum Einsatz befohlen, kämpfen und dabei unter Umständen sogar sein Leben verlieren soll.

Solche für die Bevölkerung unter Umständen lebenswichtigen Fragen gehören nach einer erfolgreichen Rebellion vor einen durch diese Rebellion ertrotzten Volksentscheid. Für solche, verhältnismäßig selten vorkommenden, aber für die ganze Bevölkerung entscheidend wichtigen Ausnahmefälle sind Volksbefragung und Volksentscheid ja da. Für die Entscheidung weniger wichtiger Fragen direkt durch das Volk ist Deutschland und ist die Zahl seiner Bewohner zu groß. Das kann man in der Schweiz machen. Auch in Frankreich ruft der Staatspräsident die Bürger nur in seltenen Ausnahmefällen zur Urne wie etwa zur Entscheidung über Europa – die auch in Deutschland vor einen Volksentscheid gehörte.

Eine allzu häufige Anrufung des Volkes würde die Bürger außerdem ermüden, würde dieses politische Machtinstrument stumpf machen und damit seiner Wirkung berauben. Denn seine Wirkung beruht ja in erheblichem Maße auf der bloßen Tatsache seiner Existenz. Das Wissen der Regierenden, daß die Möglichkeit einer Anrufung und Entscheidung der Bevölkerung existiert, dürfte in vielen Fällen genügen, um sie zum Nachdenken zu bewegen. Die bloße Androhung einer Strafe reicht in vielen Fällen ja auch, um einen potentiellen Täter von seiner Tat abzuhalten.

Dies gilt übrigens auch für die Frage der Staatsbürgerschaft. Denn die deutschen Staatsbürger sind es ja, die gegen die heute Regierenden rebellieren sollen, um deren Machtmißbrauch endlich zu stoppen, und die dies allein können. Wer kein Deutscher ist, hat kein Recht dazu. Aber wer ist Deutscher? Und wer hat einen Anspruch darauf, Deutscher zu werden?

Eine Vision

In einem Dorf vor den Toren Hamburgs wohnt ein tschechisches Ehepaar. Er ist Automechaniker. Sie ist Krankenschwester. Sie leben seit über 20 Jahren hier, haben beide eine feste Arbeit, zahlen hier Steuern und sind nicht von Ausweisung bedroht.

Sie haben sine 13jährige Tochter. Sie ist hier geboren, geht hier zur Schule, spricht kaum tschechisch, hat nur deutsche Freunde und fühlt sich als Deutsche. Als ihr Vater sie nach dem Zusammenbruch des kommunistischen Regimes in der Tschechoslowakei einmal fragt, ob sie mit ihm und ihrer Mutter gern nach Prag zurückkehren würde, erwidert sie ihm geradezu entsetzt:

»Aber was soll ich denn da? Ich bin doch hier zu Hause.«

Wäre sie in Frankreich oder England zur Welt gekommen, wäre sie Französin oder Engländerin. In Deutschland ist sie Tschechin, weil ihre Eltern Tschechen sind. Zwar könnten ihre Eltern die deutsche Staatsangehörigkeit beantragen, würden sie vielleicht sogar erhalten – wenn sie ihre tschechische Staatsbürgerschaft aufgeben würden. Aber das wollen sie nicht. Sie fühlen sich als Tschechen. Daß sie in Deutschland, wo sie leben, Fremde sind, stört sie nicht.

Nur die Tochter macht ihnen Sorge.

»Sie ist Deutsche«, sagt die Mutter, »warum kann sie das nicht sein? Sie ist doch hier geboren, ist hier zu Hause, alle reden doch immer von Europa ...«

Das Reichs- und Staatsangehörigkeitsgesetz vom 22. Juli 1913, das in korrigierter Form noch heute gilt, bestimmt es anders. Und hier liegt – vielleicht – ein Ansatz für eine neue Vorstellung von unserem Staat, für eine Vision, die notwendig wäre, um die vielen verärgerten und verdrossenen Bürger des Landes mit ihrem Staat zu versöhnen. Eine Art Traum.

Verantwortlichkeit der Regierenden gegenüber dem Volk, Beschneidung der übermächtigen und vielfach kaum kontrollierten Bürokratie, unmittelbare Beteiligung der Bürger an der Verwaltung ihres Landes sind wichtige Schritte, um die immer gefährlicher werdende Staatsverdrossenheit in der Bevölkerung abzubauen. Aber sie reichen nicht aus. Sie können zwar die Form verbessern. Sie können Anlässe für den Verdruß beseitigen. Aber sie schaffen die eigentliche Ursache der Verdrossenheit nicht aus der Welt.

Franzosen, Engländer, auch Spanier leben noch immer in der Tradition ihrer ungebrochenen Vergangenheit. Im Nationalismus oder Patriotismus. La grande nation, right or wrong my country, das sind Parolen, die ihren Eindruck auf die Masse des Volkes dort noch immer nicht verfehlen.

In Asien, Afrika und auch Lateinamerika fasziniert fast überall die nach dem Abzug der Kolonialherren errungene Unabhängigkeit die Masse der Menschen, selbst dort, wo die neuen eigenen Regime den Bürgern bisher wenig Positives gebracht haben.

Wir Deutsche hätten eine Chance, eine neue Vorstellung von unserem Staat zu entwickeln. Nämlich ein Deutschland als Keimzelle Europas. Nicht im Sinne der Maastrichter Bürokraten mit Vorschriften, die Maße und Größenordnungen, Preise und Zinsen, Kennzeichnungen und Schilder regulieren und womöglich auch noch die Arbeitszeiten vereinheitlichen, ohne Rücksicht auf die sommerliche Mittagshitze im Süden und die lange winterliche Dunkelheit im Norden, und um der Vereinheitlichung willen, die den Bürokraten so wichtig ist. Ein so reguliertes Europa schafft nur neuen Verdruß und Widerstand.

Ein lebendiges und von seinen Bewohnern akzeptiertes und bejahtes Europa kann nicht allein von den Regierungen verordnet werden, so wohlmeinend diese Regierungen auch sein mögen. Und schon gar nicht von Regierungschefs, die an ihrem Geschichtsbild stricken, das sie hinterlassen möchten, und die deshalb keine Zeit haben, auf ihre Völker zu hören.

Ein solches Europa können nur die Bürger Europas selber schaffen. Einige hatten damit ja schon einmal angefangen, vor vier Jahrzehnten, als sie Grenzpfähle umstürzten und die Öffnung der Straßen forderten, nach Ende des letzten Krieges.

Ihre unbotmäßigen Aktionen lösten damals bei den Bürokraten Erschrecken und Mißbilligung aus und wurden nach kurzer Pause denn auch untersagt. Aber einigen der damaligen Politiker machten sie Eindruck, wurden von ihnen aufgegriffen, und daraus entstanden die Römischen Verträge, der Beginn Europas.

Ihren Nachfahren ist es nicht geglückt, den Ansatz so weiterzutragen, daß die Träger des Gedankens, die einfachen Bürger, sich verstanden fühlten. Ihre Vorstellungen wurden im bürokratischen Sumpf erstickt. Und heute sind die Politiker erstaunt und die Beamten empört, wenn sich die Bürger gegen ihre Anordnungen wehren.

Viele der Hindernisse auf dem Wege zu Europa entstammen der Angst. Der heimlichen Angst der Polen und Tschechen, Dänen und Holländer vor den Deutschen. Und auch der heimlichen, nur ungern zugegebenen Angst der Deutschen vor den Fremden, die sie, wie sie meinen, »überfremden« könnten. Erklärungen für solche Ängste gibt es genug. Es hat ja genug Kriege zwischen den europäischen Nachbarn in den vergangenen Jahrhunderten gegeben, die solche unsinnigen Ängste zu rechtfertigen scheinen.

Eine Überwindung dieser Ängste ist die erste und wahrscheinlich wichtigste Voraussetzung für die Schaffung eines lebendigen Europa. Wenn die Tochter des tschechischen Ehepaares aufgrund ihrer Geburt in Deutschland automatisch auch Deutsche wäre, so wie ein in England oder Frankreich geborenes Kind deutscher Eltern schon heute automatisch Engländer oder Franzose wird, und wenn diese Regelung zunächst wenigstens für die Völker Europas auch in Deutschland eingeführt und von uns Deutschen, etwa im Rahmen eines Volksentscheids, akzeptiert würde, wäre damit ein kleiner, aber, wie ich glaube, wichtiger Schritt zur Verwirklichung jenes Europa getan, von dem heute heimlich so viele träumen. Denn Angst vor einem Nachbarn, dessen hier geborene Kinder automatisch Deutsche würden, wäre nur noch lächerlich.

Es gibt ungezählte solcher kleinen Schritte, die helfen würden und die notwendig sind, um ein Europagefühl in den Bürgern Europas und damit auch Deutschlands zu wecken, und wo schon vorhanden, zu stärken.

Etwa, um nur ein Beispiel zu nennen, bei der Sportberichterstattung im Fernsehen. Warum wird im deutschen Fernsehen Steffi Graf, im französischen Fernsehen eine bekannte französische Skiläuferin auch dann ausführlich gezeigt, wenn sie verloren hat, während die Siegerin, wenn sie aus einem anderen Land stammt, meist nur flüchtig erwähnt wird? Wenn der Sport wirklich völkerverbindend ist, was immer behauptet wird, könnte man hier doch damit anfangen, das zu nutzen. Wenn mein Nachbar besonders schöne Blumen in seinem Garten hat und dafür womöglich ausgezeichnet wird, freue ich mich doch mit ihm und für ihn und stelle nicht meinen eigenen Garten zur Schau, um den Nachbarn nach Möglichkeit vielleicht doch heimlich auszustechen.

Ein europäisches Deutschland, das keine Angst mehr vor seinen Nachbarn hat – auch keine heimliche – und das sich über Erfolge der Nachbarn wie über die eigenen freut, weil es ja Erfolge des gemeinsamen Europa sind, das wäre eine Vision. Gerade für uns Deutsche. Weil wir damit einmal bei unseren Nachbarn keine Angst, nicht einmal Respekt, sondern Zuneigung zu uns auslösen würden. Und weil wir damit eine vielleicht entscheidende Rolle für ein Zusammenwachsen Europas spielen würden, indem wir den anderen Europäern zeigen, daß wir sie nicht als Konkurrenten oder gar potentielle Gegner, sondern als wirkliche Nachbarn empfinden.

Allerdings können das nur die Bürger in Angriff nehmen und verwirklichen. Wenn möglich mit Unterstützung und Billigung der Regierenden. Aber notfalls auch gegen sie. Ein Widerstand von deren Seite wäre nämlich nicht ausgeschlossen. Denn in einem wirklich vereinten Europa verlieren die Regierenden der einzelnen Staaten ja etwas von ihrer Macht. Sie sind dann nur noch Landesfürsten. Und das könnte sie stören. Die Bürger gewinnen dagegen. Sie gewinnen Freunde. Sie gewinnen ein neues, großes, gemeinsames Zuhause. Und sie gewinnen damit auch mehr Sicherheit.

Allerdings müssen wir dafür – mit friedlichen Mitteln –

kämpfen. Gegen Regierende, die sich nicht von ihrer Macht trennen wollen, wie gegen unseren eigenen Egoismus. Und das ist oft am schwersten. Aber es würde sich lohnen. Es würde, unter anderem, die Staatsverdrossenheit überwinden und dadurch unsere heute arg gefährdete Demokratie retten.

KULTURGESCHICHTEN

Reader zu den Krisen der Nord-Süd-Beziehung
brosch., DM 19,80

Die indianische Sicht der Dinge
Brosch., DM 19,80

Lateinamerika heute und 500 Jahre Geschichte
brosch., DM 19,80

Leo Frobenius
Kulturgeschichte Afrikas
Prolegomena zu einer historischen Gestaltlehre
652 Seiten, mit 181 Zeichnungen, 50 Kartenskizzen, 165 Seiten Bildteil, Leinen, im Schuber,
Subs. Preis bis 31. 10. 93, DM 128,–, danach 148,–
Das vergessene Werk von Leo Frobenius hat Anfang des Jahrhunderts ein noch heute umstrittenes wie aktuelles Bild der afrikanischen Kultur beschrieben, ein Bild von Reichtum, Schönheit und Würde des afrikanischen Kontinents.

Bilder und Texte gegen den alltäglichen Rassismus
brosch., DM 19,80

Schaubilderbuch der weltweiten „Entwicklung"
brosch., DM 19,80

Hinter den Ängsten der Menschen vor Menschen stehen vor allem Unkenntnis und Unsicherheit im Umgang mit dem Fremden. Nichts ist heute wichtiger, als Information und Begenung mit anderen Kulturen!

PETER HAMMER VERLAG WUPPERTAL